初めて老人になるあなたへ

ハーバード流
知的な老い方
入門

B・F・スキナー博士
M・E・ヴォーン博士
大江聰子／訳

SEIKO SHOBO

Enjoy Old Age : A Practical Guide

もくじ

第四章　頭をしっかりと働かせる

第五章　やりたいことを見つける

〔第六章〕快適に暮らす

〔第七章〕人づきあいのしかた

第八章 心を穏やかに保つ

第九章 死を恐れる気持ち

第十章 老人を初めて演じる

第十一章 見事に演じ切る

〔装幀〕……フロッグキングスタジオ
〔装画〕……Riyoco Hanasawa (Getty Images)

初めて老人になるあなたへ

この本はこうして生まれた

▼はじめに

一九八二年八月に行われた全米心理学会の年次総会で、私は「老後の知的自己管理」と題した論文を発表し、その中で自分が知的活動を続けるために試してきた方法をいくつか紹介しました。当時、私は七十八歳でした。その論文は科学的な研究結果に関するものではなく、歳《とし》をとった自分が実際にどんなことをやっているかを説明するものでした。内容としては、ごく常識的なことや何かの資料から得た知識などもありましたが、大半は、行動分析学という科学的研究から学んだことを〝応用〟したものです。

このときの年次総会では、「なぜ人間は世界を救う行動をしないのか」と題した別の論文も発表していて、私としてはこっちの論文のほうが重要だと考えていたのですが、新聞や雑誌などで取り上げられたのは、どれもこれも、老後に関する論文のことばかりでした。朝のテレビ番組やトークショーやラジオなど、出演依頼が相次ぎました。自分が抱える問題についてお年寄りから手紙をもらったり、年老いた両親についての悩みを訴える手紙もありました。例の論文のコピーが欲しいという声が殺到し、数百部を郵送しました。老いに対して何か打つべき手はあるのか、多くの人が興味を持っているのは明らかでした。

やがてあちこちの出版社から、あの論文を発展させて本にしてほしいという依頼が来るようになりました。歳をとったら責務を減らせとその論文で言っているのに、なんとも皮肉なことです。その頃ちょうど執筆していた自伝が完成間近で、さらに同僚との共著というかたちで他にあと二冊分の作業に取りかかっていました。三冊目を追加するなんて、どう考えても正気の沙汰ではありません。

その同僚のひとりがマーガレット・ヴォーン博士でした。先の「なぜ人間は世界を救う行動をしないのか」という論文を一冊の本としてまとめるために、すでに共同作業を始めていました。彼女は老人学に関する講義を担当した経験があり、論文の段階でも手を貸してくれていました。この分野では有名な研究者で、国立衛生研究所が医師に配布する冊子にも高齢患者に関するアドバイスを寄稿している優秀な人です。彼女と二人で何度も話し合いました。他の仕事にあまり支障が出ないようにしつつ、老いに関する本を執筆することは果たして可能だろうか、と。取り扱う内容を、医療に関する問題や金銭的な悩みについてまで範囲を広げずに、お年寄りの日常生活の行動に限定するのであれば、可能かもしれない。これが結論でした。

哲学では、経験による知識を「直接知」、記述による知識を「間接知」と呼んで、両者を区別しています。本書ではその両方を少しずつ扱っています。私は老いを実体験するようになってもうかれこれ結構な年数が経ちますし、ヴォーン博士は老いに関する学問的知識が豊富です。本書の内容の多くは「老後の知的自己管理」という私の論文からのもので、老いに伴う問題や悩みに関して私自身が実践した解決法を説明しています。それ以外にも、おもにヴォーン博士によるところが大きいのですが、老いに関する文芸作品からの引用も紹介しています。

知識のタイプを区別する線引きは「直接知」や「間接知」の他にもまだあります。科学では、すべての分野において、二種類の言語が存在します。宇宙飛行士は、まるで太陽と星が昼夜で入れ替わるように、子供に話すときと同僚に話すときとでは違った言い回しを使うのです。もう何年も前になりますが、アーサー・エディントン博士が言っていました。「われわれ物理学者は、論文を書くための机と、ほとんど何もなくてほこりが積もっている机、その二つを使い分けているのだ」と。行動分析学を学ぶ学生たちも二つの言語を使っているために、話が正しく理解されないことがよくあります。人間の行動を説明する方法として古くから使われてきた専門用語が、日常用語にもたくさん入り込んでいるからです。厳密な科学の学術分野では決して使われないのですが、日常のちょっとした会話のなかで効果的に使われていることがよくあります。

もしも本書が学術論文であったのなら、もっと違う言葉を使って書いたことでしょう。そうすれば、本書の内容を人間行動に関する他の事象に関連づけるのも容易だったでしょうし、老いに関する問題のさらなる研究にもより貢献できたでしょう。しかしそれでは、私たちが考えている本書のそもそもの目的が果たせません。老いについて科学的見地から考えることなど望んでいないものの、それでも老いを楽しむためになんとかしたいと願っている、大勢の人々の心に届くように本書を書いてみました。日常会話の言葉で事足りているかどうかは読者の判断にお任せします。

B・F・スキナー

マサチューセッツ州ケンブリッジにて、一九八三年一月

スキナー博士は自分の世界を見事に変えた▼共著者のことば

本書は、「二十世紀最大の心理学者」といわれたB・F・スキナー博士がみずからの老いに対処していくにあたって学んだことを、さまざまな面から述べたものです。人間の行動について、自分自身の行動も含め、観察し分析するという研究に一途に打ち込んできた博士は、自分の経験が同年代の人々の役に立つことを望みました。でも、頭のいい読者ならきっとすぐに気づくと思いますが、本書の基本テーマは、高齢者だけでなく、あらゆる年齢層の人に関係のある内容になっています。

このテーマは、スキナー博士が第一人者として研究してきた「行動分析学」という科学分野から導き出されたものです。端的に言うと、人生の楽しみというのは、日常生活における行動から生じる副産物です。行動することによってのみ成果が得られるのであり、行動の成果こそが、生き生きとした人生の楽しみにつながっているのです。やらなければならないことを誰かに頼ってやってもらっていると、こうした成果の効力を自分から手放し、楽しみを誰かに譲り渡していることになります。コーヒーをいれるとか、庭仕事をするとか、市民活動に参加するとか、どんな行動であろうと、まわりの世界とのふれあいがあって、そのふれあいを通じてようやく人生の喜びや楽しみを存分に味わえるようになるのです。大切なのは、「行動をつづけること」です。

ところが残念なことに、行動が感情によってさまたげられている場合がよくありますし、感情を変えることは何より難しいと思われがちです。でも、感情を変えたければ、まずはその感情が生じる原因となっている状況を変えればいいのです。その結果として感情は改善されます。今あなたが暮らしているその生活環境を変えるために何か行動をすることによって、心の状態を変えることができるのです。

スキナー博士は、実に見事に自分の世界を変えてみせました。博士のアドバイスはすべて博士自身の実体験に基づいています。博士はかつて、「視力を失うかもしれない」と診断されたことがあったのですが、そのときから音の世界をもっと充実させようと工夫するようになりました。ステレオを購入し、自分で設置作業をして、自宅地下にある書斎に4チャンネルシステムの音響設備を整えました。

投薬治療の影響で一時的に視力を失ったとき、このままずっと目が見えないままだろうと考えた博士は、私に冗談っぽくこう言いました。「次の本のタイトルは『失明を楽しむ』で決まりだね！」

そんな冗談にも彼の人生の知恵が表れています。老いも若きも関係なく、人生を楽しむためには、困難にぶつかったらとにかくひとつずつ解決していけばいいのだ、と教えてくれています。

スキナー博士が直面した最大の難問はおそらく、迫り来る自分の死だったのでしょう。余命数カ月と宣告されたとき、博士は大好きな音楽さえも拒絶しました。「聴いていると憂鬱《ゆううつ》な気分になるから」と。でもしばらくすると、博士の世界は再び音楽に満たされるようになりました。ワーグナーの「ジークフリート」を聴きながら死にたいと、友人たちに伝えていました。

マウント・オーバーン病院での最後の入院では、身体が徐々に弱っていき、意識もとぎれとぎれになっていきました。最後に目を覚ましたとき、博士はベッド脇のテーブルに置かれた水の入った容器をじっと見つめました。そばにいた友人がスポンジを水に浸し、彼の唇を湿らせました。すると彼はひと言、こうつぶやきました――「素晴らしい」

おそらくこの最期の言葉は水の心地良さについて言っただけではないでしょう。博士の人生は、他の誰もと同じように、山あり谷ありでした。でも、具体的な行動にひとつひとつ取り組んでいくことによって、失意を乗り越え克服していくという方法を博士は体得しました。そこから、どんな挫折や失敗があろうと人生を楽しむことができる方法を知りました。すべての人々に人生を楽しんでほしい、そんな博士の思いから本書は生まれたのです。

M・E・ヴォーン

メイン州カスコ湾にて、一九九七年三月

序章 老いを考える

真正面から老いを見つめる

ご存知のとおり、高齢者の人口は世界各国で急増しています。現在（一九九七年）、米国では六十五歳以上の人口は男女合わせて三三〇〇万人にのぼります。一九〇〇年にはわずか三〇〇万人にすぎませんでした。当時は平均寿命が四十七歳でしたが、今では男性七十三歳、女性七十九歳になっています。国勢調査局によると、一九六〇年と一九九四年を比較した場合、八十五歳以上の人口は二・七四倍に増加したそうです。

現在、六十五歳以上のうち高齢者向け施設で暮らしている人はわずか五パーセント、家族と同居あるいは家族の介護を受けられる状況の人は一五パーセントにすぎません。つまりあとの八〇パーセントの人々は、ひとり暮らしをしているか、老齢の相手と暮らしているということになります。そのうちの八二パーセントは健康状態がおおむね良好だといいます。高齢者人口の増加は、医学の進歩や医療サービスの普及、生活水準の向上によってもたらされた結果でしょう。

人々が長生きできて、昔ほど貧困や病気に苦しまなくてすむようになったのはすばらしいことです。でも、その人たちが人生を楽しんでいないとしたらどうでしょうか。楽しく過ごせる年齢以上の寿命が与えられたことによって、解決できた問題もありますが、新たな問題も生まれてきたのです。

考えたくないことでも考えよう

若いうちから老いについて考えておくことをおすすめします。なぜなら、実際に老いに直面したときに楽しんで受け止められるように、じっくりと準備できるからです。外国へ移住して余生を過ごそうと計画している人ならば、できるかぎりその国について知ろうとするでしょう。天候、国民性、歴史、建築などについて資料を読んだり、その国で暮らした経験のある人から話を聞いたり。その国の言葉も少しはできるように勉強する人もいるでしょう。老いとは、その〝外国〟のようなものです。事前に準備を整えておくと、楽しみが一段と増すのです。

それでも、あまり積極的に老いについて知ろうとはしないでしょう。老いという国は荒涼としたわびしいところだと思われていることが多いのです。カラフルな旅行のパンフレットに登場するものではない、と。それどころか、はるか昔から悲哀と病気と貧困の場面として描かれてきました。よく言われるように、人は誰でも長生きをしたいけれど、歳はとりたくない――自分が年老いたときのことなど考えたくないのです。

若い人たちが、老後は若いときの負債を返済する時期だと、自分で自分の将来を貶《おとし》めてしまっていることがよくあります。喫煙を続け、肺がんになったらなったときのことだと思っている人もいます。自分の老後を有害廃棄物の処分場か何かにしてしまっているのです。

宣伝文句いっぱいのカラフルなパンフレットなら、こんなふうに書くかもしれません。「老後はそんなにひどいものではありません、プラン次第でなんとでもなります」。若者たちも、自分が老後に何ができるかを知っていれば、計画を立ててみようという気になるでしょう。明るい将来の展望は、何よりも強力な宣伝文句になります。

健康面と金銭面については、若いうちから将来を気にしている人も多くいます。運動をしたり、食事に気をつけたり、退職後のプランを見直して検討したり。つまり、身体や物質といった物理的な面についてはちゃんと考えて計画的に手を打っているのですが、「老いを楽しむ」ためにはそれとは別の計画が必要なのです。その点でお役に立ちたいと本書は願っています。

高齢者が人生を楽しむために

もうひとつ、老後を考えるタイミングとして最適なのは、高齢者の面倒を見る立場になったときです。親と同居している人、あるいは近所に住んでいる人、高齢の友人がいるという人もいるでしょう。その親や友人がたとえば病弱であるとか生活に困っているという場合は、何をしてあげればよいか見当がつきます。では、見るからに楽しくなさそうに暮らしている人に対しては、いったい何をしてあげればよいのでしょうか。老親が楽しく暮らしてくれていれば安心していられるからと、そんな理由でなんとか手助けをしたいと考える人もいると思います。高齢者向けの医療保険や社会保障といった制度とは違った、何かそれ以上のものが必要なのは明らかです。

ほかの理由で高齢者について関心を寄せている人も、直面する問題は同じです。たとえば、住宅問題、治安問題、医療問題などに関する法律を審議する立場にある政治家。教区の信者たちの相談にのる聖職者。定年後の生活のための住宅地やホテルや高齢者向け施設などを運営する実業家。心理療法士、ソーシャルワーカー、訪問看護師、介護福祉士といった専門職の人たち。

これまでは高齢者の健康面と経済状況にまず目を向けがちでした。視点を変えて、高齢者がもっと人生を楽しめるような環境について考えることが、大きな助けとなるでしょう。

老いとは挑戦する価値のあるもの

当然のことながら、自分が高齢になった場合も、老いについて考えるきっかけとなります。時に老いは突然やってきます。じわじわと忍び寄ってきた老いに、不意につかまってしまいます。でもそれはたいてい、ちゃんと警戒していなかったからなのです。老いは生まれて初めての出来事ですから、これまでの経験を生かせるようなものではありません。知っているのは、高齢者を観察して（実際に高齢者に接して、あるいは演劇や映画やテレビで演じられる老人の役を見て）わかったことや、小説や記事などで読んだことだけなのです。そうした間接的な知識は、自分自身の老いに備えるにはあまり役に立ちません。

きっとあなたも自分を老人と呼ぶのに抵抗を感じたことがあるでしょう。いつからか自分のことを「中年」と言うようになり、おそらく中年という言い方は年齢の程度の問題なのでさほど抵抗もなく、やがてそれが「中高年」という言葉に代わります。しかし、ほとんどの人が、初めて「お年寄り」と呼ばれたときのことが忘れられないと言います。言われた瞬間、その言葉が心に突き刺さり、もう自分も「年寄り」だと認めざるを得ないのだと思い知らされたのでしょう。しかしその時点で、老いという言葉の意味は理解できていても、老いのせいでなぜこんなにたくさんの問題が起きるのか、実のところわかっていないのではないでしょうか。

ほとんどの人が、老いはマイナス面しかないと単純に考えています。苦痛と喪失に耐え、観念してじっと我慢するものだと思っている人。あるいは、憤慨し、抵抗し、不満をぶちまける人。でもそのどちらでもない道があることを知ってほしいのです。

老いに挑戦しましょう。人生のさまざまな課題に取り組むのと同じことです。老いを楽しむチャンスを広げるために、あらゆる手を尽くしましょう。その手段は、楽しもうとする心のなかにあるのだということを知っておいてください。枯れて色あせた木の葉を嘆くのではなく、紅葉の景色を楽しみましょう。苦くて酸《す》っぱいオレンジを我慢して食べるよりも、搾《しぼ》ってジュースにしておいしく味わいましょう。

この本はどんなことを考えるのか

それでは、この本の各章についてあらかじめ説明しておきましょう。

〈第一章　老いに向き合う〉

自分がしたいことをする、それが人生を楽しむという意味です。毎日が楽しくないのはその人自身にどこか問題があるのだ、とこれまで言われてきました。でも実は、その人をとりまく環境に問題がある場合のほうがずっと多いのです。老いのせいで困った問題も確かに出じてきます。そんな老いによるトラブルを最小限にするための環境づくりを提案します。

〈第二章　感覚の衰えとつきあう〉

歳をとれば誰でもそうですが、若い頃よりも感覚が鈍くなり、動作もゆっくりになって不器用になったと感じることがあるのではないでしょうか。眼鏡、補聴器、杖といった道具はもちろん役に立ちますが、それでは充分ではない場面も多いものです。不足を補ってくれるような環境を整えることが必要です。そうすればもっと社会のなかでうまくやっていけるようになります。

〈第三章　記憶力を補う〉

若い頃に比べて、記憶していることを思い出すのに手間取るようになります。覚えてさえいれば楽しめたはずなのにやり方を忘れてしまったとか、人の名前が出てこなかったり約束を忘れてしまったりして恥ずかしい思いをしたとか。記憶力の衰えは、眼鏡や補聴器で補うようなわけにはいきませんが、あまりお金をかけずに、物忘れを減らす方法があります。

〈第四章　頭をしっかりと働かせる〉

若い頃のように理路整然と考えることが難しくなってきたと感じている人もいるでしょう。記憶力の低下と同様に、神経の伝達機能が変化すると考えられます。これにも有効な補助道具はありませんが、環境の整え方次第で補うことはできます。こうした方法は年齢に関係なく役に立ちますし、とりわけ高齢者には大きな助けとなるでしょう。

〈第五章　やりたいことを見つける〉

退職や引退はさまざまな変化をもたらします。運が良ければ、これまでの技能を生かして何かを続けることができるでしょう。そうでない人は、自分がやりたいと思うことを何か見つけるべきです。でなければ、退屈と憂鬱《ゆううつ》の日々になってしまいます。

〈第六章　快適に暮らす〉

老齢期になると、小さな家に移り住んだり、新しい土地に引っ越したりする場合も多く、それに伴う問題も起こってきます。どこで暮らすことになろうと、自分の暮らしをできるだけ魅力的で快適にしたい、煩《わずら》わしさから解放されたいと願うものです。新しく趣味を見つけて楽しみたいと思っている人もいるのではないでしょうか。

〈第七章　人づきあいのしかた〉

歳をとるということは、肉体的な魅力は失われていくといっていいでしょう。さらに他の理由も加わって、新しく友人を見つけたり、友人関係を続けたりすることが若い頃よりも難しくなるおそれがあります。相手が若い人となると特にそうです。上手《じょうず》に人づきあいができるようになるための心得を知り、孤独にならないようにしましょう。

〈第八章　心を穏やかに保つ〉

くよくよ悩んだり、意気消沈して落ち込んだりしていたら、人生を楽しむことはできません。不安もなく、陽気ではつらつとした気分でいられたらいいですね。自分がどんな気分でいるかがまず重要なポイントだと思われるかもしれませんが、人の気分というのはおおかたその人の行動次第で決まるものです。そして自分がどんな行動をするかは、自分で決めることができるのです。

〈第九章　死を恐れる気持ち〉

ある感情が老年期をむしばむ大きな原因となっていることがよくあります。それは、死に対する恐怖心です。永遠に生き続けることはできないという事実は、誰にとっても受け入れがたいことでしょう。しかし、本当に恐れるべきなのは、死を恐れるあまり、人生の楽しみがあまりに早く失われてしまうことなのです。

〈第十章　老人を初めて演じる〉

昔から、老人というのは自分勝手だとか、ケチでわがままで偏屈だとか、好ましくない言われ方をしてきました。まさにそのとおりのことを自分がしているのに気づいたとしても、自分の性格を責める必要はありません。あなたの住む世界が、あなたにそういう行動をさせているのであって、責任の大半はあなたをとりまく環境にあります。違う環境で暮らせば、違う生き方ができるかもしれません。

〈第十一章　見事に演じ切る〉

ホイットマンの詩に「老いは荘厳で素晴らしきもの」という表現があります。首をかしげる人も多いでしょう。でも、このことばは意味不明ではありません。老いを迎えて自分の人生プランを慎重に考えていくと、彼の言葉はそれほど的外れではないときっとわかります。

あなたもほんの少しの心構えを

本書の内容がすべてどんな人にも当てはまるということはありません。老人といっても人それぞれですし、老いにどう対処するかはその人が受けた教育、宗教、民族、国籍、家族、過去あるいは今の職業、興味の対象など、さまざまな要因によって違ってきます。専門的な学術論文でもありません。

本書の提案は誰にでも効く万能薬というわけではありません。演劇の限界を認識していたシェイクスピアは、『ヘンリー五世』の前口上《まえこうじょう》でお詫びの言葉を観客に投げかけます。

「ゆきとどきませぬところは、みなさまの想像力で補ってくださいませ」。本書についても同様に、読者の方々それぞれが自分の生活に合わせて取り入れてくださるよう願っています。そうすれば、あなたの「ゆきとどかないところ」に本書の提案がきっと役に立つと思います。

ボズウェルの著作のなかにサミュエル・ジョンソンの有名な言葉があります。「貧乏は決して悪いものではないとあれこれ言葉を尽くして言えば言うほど、貧乏は悪いものだと言わんばかりになる。裕福なら幸福に暮らせると人に納得させるのに苦労することはない」

本書についても同じようなことがあてはまるでしょうか。老いは楽しいと納得させようとするあまり、老いは良くないものだと思わせてしまわないかと心配になります。たとえ若くても幸せになれると証明するために書かれた本なんてまずお目にかかりませんから。

ワーズワースの詩にはこんな一節があります。

生きて迎える夜明けは歓び
でも若さこそ、この上なき幸せ

そうは言っても、若いときにもそれなりの問題を抱えています。若い頃はつらくて苦しかったと語る人は少なくありません。事実、十五歳から二十四歳の年代の自殺者の数は驚くような数字になっています。

それでも、おそらく若い頃のほうが幸せになるのは難しくないでしょう。ブラウニングの詩「ラビ・ベン・エズラ」の言葉は残念ながら誤りです。「人生の最後」の老年期は「そのために最初が作られた」というものでは決してありません。私たちは老いるために生きているのではありませんし、若者たちがその「いまだ来たらぬ最良の日」を待ち望むというのも大きな間違いだと思います。でも、ほんの少し心構えをしておくだけで、今後どんなことに直面しても人生を楽しむことができるでしょう。

第一章

老いに向き合う

なぜ老いを楽しめないのか

人は老いると何が違ってくるのでしょうか。心理学者たちはその答えを見つけようと研究を重ねてきました。面談をしたり、アンケート調査をしたり、投薬試験をしたり、さまざまな方法が試されました。

その結果わかったのは、たとえば、高齢者が自分自身のことをどのように認識しているかとか、老いについてどう感じるかとか、若者と比べて覚えるのが遅いか、あるいは忘れるのが早いかどうかといったようなことでした。そうした調査結果は、身近にいる高齢者数人から知り得ることよりも広範囲にわたる内容で、さまざまに活用できるでしょう。しかし残念ながら、具体的なアドバイスにつながるものではありません。なぜなら、高齢者がなぜそのような行動をするのか、どうすればもっと違った行動ができるようになるのかは、そうした調査ではわからないからです。

人生を楽しめるかどうか――それはその人の性格や考え方によって決まるのだとしたら、若い頃には楽しく過ごしていた人が歳をとると楽しめなくなるのはなぜなのでしょうか。この疑問については、心理学では「発達」という観点から説明されることもあります。人間の行動は、その人が何年間生きてきて、人生のどの段階まで達しているかによって決まるといわれています。特に幼児期はこの説があてはまります。単語だけではなく文を組み立てて話せるようになるとか、概念を使えるようになるのは、植物の発芽と同じく、ある一定の時期に見られるものです。自己陶酔的になったり反抗的になったりする時期を経験するのも自然な成長過程だといわれています。

たしかにそのとおりなのですが、各過程でどんな対処をしていくべきかを具体的に教えてはくれません。問題行動のある子を抱える親に、行動が落ち着く段階に到達するまでじっと待つしかないと言ったって、何の役にも立ちません。老いもそうした段階のひとつなのだと思ったところで、気持ちが晴れるわけでもないでしょう。高齢者が抱える問題は、次の段階へ成長し「発達」すれば解決できるというものではないのです。人として成熟するのはすばらしいことですが、残念なことに、成熟した状態でとどまることはできません。

「熟年」という言葉は豊かで心の広い人を感じさせます。何年か前の成熟しきった時点で発達が止まっていれば、たしかにそうだったかもしれません。老いは自然なことなのだからとなだめようとするやり方もあるでしょう。でも、たとえ自然なことであっても、猛暑や極寒、労働による疲労など、避けられるなら避けたいと思うものはいろいろあります。老いは楽しくないものだという理由づけになるような「自然な道理」なんてないのです。

肉体的な老化はどうしても避けられません。年老いていくとともに身体は変化し、衰えていくものです。でもそれは一定の速度で進行するわけではなく、身体的な変化だけをとらえればよいというものでもないのです。人生の進行段階が単なる時間の経過で計れるものならば、若返りの泉を探し当てればいいのでしょうが、老いの問題の多くは原因が他にあるのだとしたら、そんな奇跡を探し求めても無駄なことです。

年齢を人生の目盛りとするよりも、世代別に分けて、それぞれ特徴的な行動に注目してみるとわかりやすいでしょう。シェイクスピアの『お気に召すまま』ではこんなふうに書かれています。

――最初は「泣いたり吐いたり」の赤ちゃんで、次に「かたつむりのようにのろのろと、いやいや学校へ行く」学童期、そして「ためいきばかり」の恋する若者、「名誉欲にとりつかれた」従軍時代、やがては「もっともらしい格言や引用を並べたてる」中高年。さらに進むと「ぴぃぴぃと甲高い声で、のどをひゅうひゅう鳴らしながら」しゃべり、「人生二度目の幼児期はただの忘却、歯もなく、目もなく、味もなく」、そしてついには「何もなく」なってしまう――。

しかし、人によっては実年齢に合わない行動をすることもあります。幼いうちから大人のようにふるまうことを強いられて大人びた子供や、若いのに大人の考えをもった立派な若者。反対に、いつまでも子供っぽい人もいます。精神年齢に関しては、その人に何が起こり、その結果どんな行動をとるかによって、その人の行動や感情が若々しいか老成しているかが決まります。オリヴァー・ウェンデル・ホームズ判事は言いました。「もう四十歳というよりも、まだ七十歳というほうが、前途洋々ではつらつとした気分になるものだ」。それに、四十歳のときと同じように活動できたら、七十歳になったからといってくよくよする人はまずいないでしょう。

好きな行動、嫌いな行動

発達心理学の分野では、成長段階に関する考察にとどまらず、さらに一歩踏み込んで研究をしている学者たちがいます。彼らは、発達を促すのはその人の生活環境であると言います。年齢が進むにつれて行動が変わってくるのは、その人に起こる出来事が変わってくるからなのです。子供の言葉の発達は植物の発芽に例えられますが、ひとりぼっちで放っておかれた子供は言葉を話せるようにはなりません。言語能力を発達させるのは、言葉でコミュニケーションをとる周囲の人々であり、その人たちが子供が話した言葉に対してさらに複雑な言葉で応じていくからなのです。また、子供の反抗期というのは、その生活文化に暮らす大人たちが、子供がある一定の年齢になったら反抗心が芽生えるようなしつけをする傾向があるために、その文化圏では同じような年齢で起こります。フロイトは性的発達段階を重要視していましたが、たしかに生理学的な性的変化はあるものの、人間の性行動はその人が属している生活文化によって大きく左右されます。

生活文化が人にどのような影響を与えるかは、行動分析学の対象となるテーマで、本書の基盤ともなっています。言ってみれば、行動分析学の手法を勝手に利用してしまおうということです。でも利用するのはその手法や考え方だけで、専門用語は使いません。老いを楽しむという内容に大いに役立ちますし、本書の目指すところを日常の言葉で説明できると思います。

重要なポイントとなるのは、「結果」が果たす役割です。人の行動は、その行動がもたらす結果があるから、それを実行するのです。「しなければならないこと」は、言い換えると、それをしなかったら好ましくない結果が起こる行動です。たとえば、薬を服用しなくてはいけないのは、そうしないと苦痛だから。税金を払わなければいけないのは、追徴金を課せられたり罰せられたりするから。嫌いな相手でも話をしなければならないのは、失礼な人だと言われてしまうから。山のような書類を記入しなければならないのは、医療費の還付金を受け取れなくなるから。人は自分自身の体験や他の人の体験談、あるいは伝え聞いた話などによって、どんな行動がどんな「結果」をもたらすかを学んでいきます。

さらに、「やりたいこと」とは、それをすると好ましい結果がもたらされる行動です。空腹のとき食事がしたい。好きなテレビ番組を見たい。この場合もまた、自分の体験や、誰かの体験談から「結果」を学んでいるのです。

高齢者の楽しみについては、「あれをしたい」とか「これをしたくない」といった好き嫌いの点を抜きにしては語れません。好き嫌いは、その行動の目的ではなく、その行動をした場合にどうなるかという結果によっておおむね決まります。「しなければならないこと」でも好んですることもあるし、「やりたいこと」でもあまり気が進まないことだってあります。たとえば、生活していくためにはお金を稼がなければなりません。でも、お金を稼ぐためにやっている仕事そのものが大好きだという幸運な人もいるでしょう。あるいは、痩せたい気持ちはあるけれど、痩せるのに必要な運動も食事制限もやりたくない、とか。いつでもやりたいことだけをやっていればいいような状況にすることは、おそらく不可能です。しなければならないことが何かしらあるでしょう。でも、やりたいかやりたくないかに関わらず、「自分がやることすべてを好きなタイプの行動に変える」ことは可能なのです。それこそが、本書が目指す「老いを楽しむ」ということです。高齢者が自分のしたいことを少しでも多くできるように、自分がしていることをもっと好きになれるように、そのために高齢者をとりまく環境を変えていく方法を次章から提案していきます。

楽しむための下地をつくる

高齢者がもっと楽しく暮らせる方法をいくつか説明していきますが、ああしろこうしろと横柄な指図だと思う人もいるかもしれません。でもそうした命令形の文も、気持ちとしては、ウエイトレスが「召し上がれ」と言ったり、タクシー運転手が（チップをはずんでくれた客に）「よい一日を」と挨拶《あいさつ》したりするときと同じような感じだと思ってください。本書も命令するつもりはまったくありません。こうしてほしいという願望を表現しているのです。ウエイトレスは「どうぞおいしくお召し上がりください」という意味で言っているのだし、タクシー運転手は昔風に丁寧に言えば「どうかよい一日をお過ごしくださいませ」となるところを現代風に言っているだけのことです。

それでも、命令口調の忠告を素直に受け取れないタイプの読者もいるかもしれませんね。おそらく過去に受けた忠告が、その忠告者側の利益にしかなっていなかったとか、単純にとんでもない忠告だったのかもしれません。もしそうだったのなら、今回はこんなふうに進んでいくよう切に願っています。

——本書を読んでみる。するとひとつかふたつ、効き目がありそうなアドバイスがある。試してみたら、実にうまくいくのがわかったし、これからも続けてみようと思う。そこでまた別の問題が起こってくる。他の提案にも従ってみようかという気になる。その結果、これもまたうまくいくとなると、あとは雪だるま式にどんどんうまくいくようになる。最終的には自分の状況に合わせてすべてのアドバイスを試してみることにする——

そうなってくれたら、本書は最大の効果を発揮して、老年期を楽しめるようにあなたを後押しするでしょう。あなたの生活に干渉するのもあなたのためを思ってのことなのだと、どうかお許しください。

何がなんでも、意思を持って行動しなければ老いは楽しめないと力説するつもりはありません。楽しいやり方で行動したいという気持ちになってほしいのです。

その気になってもらうのには、二つの段階を越える必要がありそうです。第二段階では最高の楽しさを味わえます。第一段階はその第二段階への足がかり。たとえば、何か新しい分野の音楽や読書や勉強や運動に興味を持つようになったとしたら、退屈で暇をもてあましているという問題は解決できるでしょう。そうした興味を根付かせるにはある程度の下地が必要ですが、その下地作りにとりかかろうという気になれない人もいます。本書はその第一段階、つまり下地を完成させることの楽しさをお伝えしたいと思っています。言い換えれば、老いを楽しむだけではなく、老いを楽しむために生活を工夫していく作業そのものを楽しくやりましょう、というわけです。

健康でなければ、たとえ何歳であろうと、人生を楽しむのはなかなか難しいものです。健康上の問題については、残念ながら本書はお役に立てません。でもこうも言えるでしょう。人生を楽しむためには健康が大切であるように、健康のためには楽しむことが大切なのだ、と。人生を楽しむことは、あなたに「生きる意欲」をもたらします。それに、本書のアドバイスの多くは、決められた時間に薬を飲むとか、医師の指示に従うといったことにも役立つでしょう。

本書の内容は、即効性のある魔法の薬ではありません。年齢に関わらず誰にとっても言えることですが、特に高齢者にとっては、楽しみというのは、金塊をごっそり掘り出すようなものではありません。砂金を一粒一粒、集めなければならないのです。それでもコツコツと続ける人は、きっと豊かな金脈、素晴らしいオールドライフを発見するでしょう。

第二章

感覚の衰えとつきあう

環境を変えていく工夫

歳をとるとどんな感じがするのかを知りたいのなら、レンズのくもった眼鏡をかけ、耳に綿《わた》を詰めて、ぶかぶかの重い靴を履き、両手に手袋をする——その格好でいつものように一日を過ごしてみるとわかるそうです。

歳をとるほどに、感覚は鈍くなり、筋肉が弱ってくることは否定しようがありません。それはスポーツ選手を見れば明らかです。世間から見ればまだまだ若いのに現役を引退してしまうのは、そうした理由からです。一般人である私たちも、やりたいことをしようと思ってもいろんなことがだんだん難しくなってくるのを実感します。でもスポーツ選手と違って、あきらめて引退する必要はありません。

老いによる衰えは、さまざまな方法で補えるものもあります。わかりやすい例としては、眼鏡や補聴器です。それだけでなく、身体のどこかに不自由な部分があってもそれにうまく対応できるように生活環境を整えることによって、補うことができるのです。そうした環境づくりは、とりたてて目新しい方法というわけではありません。大事な子供のためには安全なベビーベッドを用意し、小さなサイズのテーブルと椅子、握りやすい食器やスプーンなど、その子に合う環境を整えるではありませんか。といっても別に幼児に返れというわけではないのです。老人が住みやすいように整えられた環境で暮らせば、もっとスムーズに効率よく、そしてもっと楽しく生活ができます。

視力の衰え

六十五歳以上の人のうち半数以上が、何らかの視力の衰えを感じています。

眼鏡は、レンズの度が合っていることはもちろんですが、ずらしたりせずに正しい位置でかけることが大切です。何かを読もうとして、手元を明るくしようと無理な角度で首を曲げ続けたりしないように。スタンドつきの大きな拡大鏡があれば活字も見やすくなるし、照明のついたタイプもあります。虫眼鏡を使って読むのもいいでしょう。

携帯用の拡大鏡をポケットかバッグにしのばせておけば外出先で役に立ちます。小さな懐中電灯やペンライトを携帯しておくと、照明を落としたレストランでもメニューが読めるし、暗い場所での移動もしやすくなります。地域の図書館にはたいてい大型活字本が所蔵されていますし、雑誌でも大型活字版が出版されているものもあります。

明るさの変化に目が慣れるのに時間がかかるという人は、かけはずしのしやすいサングラスを探してみましょう。外を歩いているときにはサングラスをかけて、暗い店内やレストランに入ったらすぐにはずすようにすれば、足元も見やすくなるし、人にぶつかったりせずにすみます。

辺縁視力が衰えて視野が狭くなっている人は、新しい方法で見る習慣をつけましょう。交差点を渡るときには、左右を以前よりももっと遠くまで見るようにします。自転車やジョギング中の人が交通ルールを無視して予想外の方向から走ってくることもあるので、必ず左右を両方確認しましょう。まわりの人々の動きを観察して、彼らをガイドとして利用させてもらいましょう。

奥行きがわかりにくい場合は、自分の動きにつれて縁石や階段の見え方がどう変化するかを観察するようにします。そうすると、階段を下りようと一歩足を踏み出す前に、その段がどれくらいの高さなのか見当をつけやすくなります。

緑内障などによって視野の一部が欠けている人は、「盲点の補完」のことを思い出してください。人の目には盲点があるので、すべてを見ているつもりでも実は見えておらず、しかも見えていない部分に気づかないのです。落とし物など何かを探すときには、見落としのないように注意して、全エリアを順番にくまなく見ていくようにしましょう。

目の不自由な人が必要に迫られてやっているように、身の回りをシンプルにすることも役に立ちます。視力が極端に悪くなっている人は、必要でないものは片づけてしまいましょう。

特に、見えにくさが原因でトラブルを引き起こしてしまうものは処分しましょう。食器棚や本棚は整理整頓しておくこと。とりわけ見つけにくいものとか、しょっちゅう必要になるものには、小さくても目立つ赤色で、指先で触るとわかるような凹凸のある目印をつけておくといいでしょう。

はっきり見えなかったせいで不幸な結果を招くようなことは、できるかぎり避けましょう。この前の結婚記念日に贈られたペアのグラス――透明なクリスタルで、形も繊細で美しいけれど、紙のように薄くて、底が小さく不安定な形。ちょっとした不注意でひっくりかえしてしまいそう――そのとおり、グラスに手を伸ばそうとして位置を見誤ったり、指先が触れた感覚がちゃんとわからなかったりすると、ひっくりかえしてしまうのです。底のしっかりした厚みのあるグラスを使えば、そんなトラブルは避けられます。

聴力の衰え

六十歳以上の人のおよそ三分の一には、何らかの聴力の衰えが見られるそうです。補聴器は眼鏡に比べるとあまり普及が進んでいませんが、それはおそらく、かつてはかなり重度の難聴の人たちが使うものだったために、それほどでもない人たちからは敬遠されがちだったからでしょう。

そのため製造メーカーは、つけていることが目立たないという点をセールスポイントとして強調する傾向があります。眼鏡の耳にかける部分に着けるものや、耳の後ろや耳の穴に装着できる大きさまで小型化されています。その結果、音量の調節がしにくくなり、その他の利便性も損なわれました。

古いタイプの補聴器は、マイクのついた増幅器をポケットに入れておいて、それにコードを接続して耳に装着するものでしたが、もっと使いやすかったと思います。大きめのバッテリーが使われていたので、スイッチを入れたとたんに音量が下がってしまうこともなく、音量調節も簡単でした。雑音が多い場所では、マイクを相手に近づけて話してもらうことができました。特定のノイズに合わせて高音や低音を自分で調節できるような機能はあってしかるべきです。それに、目立つ補聴器をつけていれば、相手の人はもっとはっきりとわかりやすく話そうという気になるものです。

幸い、オーディオやラジオは音量を上げることができますし、その場合にはヘッドフォンを使えば近所迷惑にもなりません。同様に、テレビもイヤフォンや両耳に装着できる小型のヘッドフォンを接続して視聴すればいいのです。耳の不自由な人のための機能がついたテレビもあります（ヘッドフォンの音量に慣れるとつい長時間聞いていたくなるので注意しましょう。さらに聴覚にダメージを与えることになりかねません）。

ただし困ったことに、ヘッドフォンをつけていると、電話の着信音やドアのチャイムが聞こえないことがあります。大きな音で鳴るようにしておいても、気づかなかったりします。電話やチャイムが鳴ったらライトが点灯する装置があると便利です。ペットの犬が玄関に誰かが来ると吠えて走っていくのなら、電話が鳴ったときも吠えるようにしつけてみてはどうでしょうか。

不自由さには利点もあって、補聴器を使うようになると、自分の周りの世界全体をテレビと同じように扱えるようになります――コマーシャルになったら消せばいいのと同様に、聞きたくないことにはスイッチをオフにすればいいのです。そういえば、何年も前になりますが、雑誌『ザ・ニューヨーカー』に掲載されていたピーター・アルノーの漫画で、オペラ鑑賞中に夫が補聴器をオフにしていたと怒っているご婦人を描いたものがありました。

人との会話をやりやすくする方法はいろいろあります。まず、あなたの耳が聞こえにくいということを相手にわかっておいてもらいましょう。言葉でそのことを伝え、さらに耳の後ろに手を添えて聞くようにすれば注意を促すことができます。あなた自身も大きな声で話しましょう。自分の声は骨伝導で部分的に聞こえるだけですから、自分が思っているよりもソフトな口調でしゃべるようにすること。そうすれば、相手も同じ音量で話してくれるはずですが、それではおそらく聞き取りづらいでしょう。友人との会話なら、こちらが急に声を大きくすれば、相手もそれに合わせてくれるはずです。

聴力が衰えている人は、言われたことを理解するのに、一瞬あるいはもう少し時間がかかることがよくあります。言葉がパズルのようになって、そのパズルが完成するまで、適切な返答ができないのです。つまり、その一瞬はまったく口がきけない状態になります。パズルが解けなかった場合には、事態はさらに悪化します。「何とおっしゃいましたか?」と聞き返すにはタイミングが遅すぎるからです。あやふやな答えをしてしまったら、話を理解できていないことがみんなにバレてしまいます。

聞き取れなかったときに聞こえたふりをするのはもちろん危険です。気づいたらあれもこれもおかしなことに全部賛成してしまっていたという事態になりかねませんから。とりわけ良くないのは、「今こう聞こえたと思うけれど合っていますか？」と聞き返すこと。的外れだと心ない人たちに笑い者にされるかもしれません。そうした問題の解決法があるとしたら、それは「希望を捨てること」。正確に聞き取れたという自信があるときには、間《ま》をおかずに返事をしましょう。自信がないときには、すぐ「何とおっしゃいましたか？」と聞き返しましょう。あなたの耳が聞こえにくいことを知っていて、あなたが理解できていなかったり聞き間違えていたりしているのがわかるとすぐにもう一度言い直してくれる友人は、とても大きな助けとなってくれます。むしろどんどん助けてもらうようにしましょう。

聞こえないときには無理をして聞き取ろうとしないのが一番です。聞き取ろうとして神経を張り詰めていたら、テレビ番組の内容もおそらく楽しめません。他の人たちは楽しそうにしているかもしれませんが（番組の音声に入っている笑い声とか）、その番組をどうしても見なければならない理由なんてありません。何か他のことをすればそれでいいのです。

相手の話がほとんど理解できないときには、会話を続けるのはやめましょう。失礼のないように、「どうも波長が合わないようですね」とか何とか言って、話を中断するのです。気配りの足りない人たちが、まるであなたがそこにいないかのように仲間はずれにして話を始めたら、断固とした態度をとることも必要です。本をさっと手にとるとか、部屋から出て行くとか、わかりやすくきっぱりとした行動で、その話の輪から抜け出すようにします。耳が遠くて聞こえない人間だとさらし者にするような連中には礼儀など要りません。

あなたの耳が聞こえにくいことを忘れて、別の部屋や離れた場所から話しかけてくる人もいるかもしれません。声は聞こえるけれど、何を言っているのかまで聞き取れない。そういう場合、あなたが出向いていって聞き返したりすると、相手は問題に気づかず、これからも遠くから話しかけてくることになります。解決法としては、あなたと相手との関係性によって異なります。その相手があなたにとって必要な人ならば、あなたが近づいて行って話しましょう。相手があなたを必要としているのなら、ご足労願えばいいのです。

人づきあいが煩《わずら》わしいからとか疲れるからといった理由で人と会うのを避けていると、気づいたらひとりぼっちの生活になっているかもしれません。そうならないようにするには、ちょっと努力が要りますが、自分からすすんで話をすることです。自分が選んだ話題なら、キーワードとなる言葉はどれも聞き覚えのあるものばかりなので、相手の話がぐっと聞き取りやすくなるはず。つまり、聞き取るのが苦手なら、話し手になってしまえばいいのです。目も悪いし耳も遠いという人の場合、問題は単純に倍になるだけではすまないことがあります。知らないうちに誰かが自分のすぐそばにいてギョッとしたというようなことがよく起こります。思いやりのある友人なら、ドアをノックしたり、ちゃんと視界に入るように正面から近づいたりと、わかりやすいようにしてくれるはずです。そうしてくれるように頼みましょう。それでも時には、ばつの悪い思いをするのも避けられません。かく言う私にも、次のような体験があります。

ノースイースタン大学で講演をしたのですが、終わってから学部長が夕食をと何人かの学生と一緒に自宅に招いてくれました。気づいたら、私は部屋のすみのほうの席に座っていて、その席はあまり照明が届かない場所でした。学部長の奥さんが、私の膝の上にお皿を置いてくれました。奥さんは中国人で、そのお皿の分厚くて茶色い料理を指差して、何か言ったのですが、私がよく聞き取れなかったなと思う間もなく離れていってしまいました。私はナイフとフォークでその料理と格闘しました。中華料理で何度か食べたことがあるようなパリパリとした皮がついていて、これはどういう料理だろうと思いながら味わいました。食べ終わったあと、隣の若い女性が皮をむいているのに気づきました。私は固ゆでたまごを殻ごと全部食べてしまったのです。
こういう場合にできることはただひとつ。笑い飛ばしてしまうしかありません。

味覚・嗅覚・触覚の衰え

特に運が良い人以外は、歳をとると食べ物は以前と同じ味がしなくなります。おいしく感じられなくなって、食欲が減退していきます。唾液の分泌が少なくなり、飲み込むのが困難になる場合もあります。食事の味付けをほんの少しだけ濃いめにし、食事中には飲み物を一緒に摂るようにするといいでしょう。ドライマウスは歯の健康にも良くありません。歯のトラブルは歯科医に相談してみましょう。のどの乾燥が発声にも影響してきたら、ノンシュガーのど飴やトローチ錠を試してみましょう。

嗅覚の衰えは、汚染が進む昨今の社会では願ったり叶ったりなのですが、危険性もはらんでいます。危険なガスや煙のにおいを感知できないかもしれないからです。火災報知器をつけておくと安心でしょう。また、着ているものや住まいの臭《にお》いは、人間関係にも影響を及ぼすおそれがあります。嗅覚が鈍くなっていることを念頭において、人一倍気をつけるようにしたいものです。

歳とともに指先の感覚も鈍くなります。食器を手に取ろうとして、ちゃんとつかめていないことに気づかず、落としたりします。食器類はある程度重さがあるほうが扱いやすいでしょう。本のページをめくりにくくなったと感じる人もいるのではないでしょうか。紙が薄いと特にめくりにくく、ページを読み飛ばしてしまうことも。ページ数の表示を見るようにしてみてください。慣れると自然に目がいくようになります。新札を数えるときに通し番号を見て確認するのと同じです。

バランス感覚の衰え

姿勢を保持したり、自分の身体の動きを把握したりするための感覚器官も衰えてきます。急な動きをしようとすると、つまずいたりふらついたりすることが多くなります。さらに、ちゃんと見えていないとか、ころびそうになってもさっと体勢を立て直すことができないとなると、危険性は一段と高まります。簡単な解決法は、ゆっくりと動くことです。歳をとれば、とにかく時間だけはたっぷりとあるのですから。

散歩に出かけるときには、脚が悪くなくても、杖があるといいでしょう。軽くて素敵な杖があると、気分も弾みますし、助けになります。また、事故を防止し、より安心して歩くために、靴は底がすべりにくいものにしましょう。凍結した道を歩く場合には、滑り止めの小さなスパイクを装着しましょう。

ここまでさまざまなアイデアを提案してきましたが、そんなの当たり前のことでわかりきっているよ、と思われるものもあったでしょう。でも、歳をとるとそんな当たり前のアドバイスに必ずしも従うとはかぎらず、その結果痛い目に遭ったりするのです。

何かひとつ変えただけではあまり大きな違いはないかもしれませんが、小さなことを注意深く積み重ねていくことによって、あなたの生活はぐっと良くなります。さらにそれだけでなく、生活を改善していくのが楽しいと思えるようになった自分に驚くことでしょう。

第三章

記憶力を補う

思い出しやすい環境をつくろう

感覚器官や筋肉が年齢とともに衰えていくように、それを働かせる伝達器官も衰えていきます。この神経系統の衰えこそ、昔から「老人は物忘れをする」とか、「考えがむちゃくちゃだ」とか、「ぼうっとしてボケている」とか言われてきたことへの解明につながるのではないかと思われます。

こうした衰えには眼鏡や車椅子のように補助道具となるものはありませんが、環境をきちんと整えることによってトラブルを減らすことができます。

老いの徴候としてもっとも顕著なのは「物忘れ」でしょう。小さな子供の頃に習い覚えたこと――折り紙でかぶとを作るとか、あやとりで橋を作るとか――をしようとしたときに、はたと気づかされます。

うまくできなくて「忘れた」と言いますが、この言い方は正確さに欠けています。この場合、折り紙やあやとりの手順が思い出せない、ということ。詩を暗誦《あんしょう》しようとしても言葉が思い出せないとか、覚えている曲を楽器で演奏しようとしても思い出せないといった場合も同じです。手順も言葉も曲も頭の中にまだあって、違う状況であれば思い出せるかもしれません。人は催眠状態では以前の生活を実に細かい部分にいたるまで思い出せるそうですし、昔起こった些細な出来事が何の理由もなく突然思い浮かんだりした経験はきっと誰でも思い当たるでしょう。おそらくその出来事も、記憶にはあったとしても、思い出そうとすると出てこなかったのかもしれません。

こういう場合の対処としてよく言われるのは、スタート地点に戻ることによって、必要な動作や言葉や楽譜を記憶から引き出そうとする方法です。思い出せない部分につながるステップを何度も繰り返してみるのです。折り紙でかぶとを作ったときの状況、その詩を暗誦したときの状況、その曲を演奏したときの状況を何度も復元することによって、思い出せなかった部分を引き出そうというわけです。

思い出せない部分の記憶を取り戻そうとすることは、記憶の倉庫の中から探し物をするようなものだとよく言われますが、その表現はおかしいのではないでしょうか。自分が何を探しているのかわかっていないとしたら、どうやってその道筋をたどればいいのでしょう。もっと単純でもっと思い出しやすい状況を整えるようにするほうがいいのではないかと思うのです。

固有名詞を忘れる

固有名詞というのは特に忘れやすく、しかも忘れてしまったことが目立ちやすいものです。固有名詞を思い出しやすくするためには、まずその固有名詞が示す人や物に関して覚えていることすべてを思い浮かべてみます。それから、ゆっくりと五十音順にたどりながら、口に出して言ってみるのです。意外とあっさりと思い出せることもあるでしょう。もう喉元まで出かかっているのに思い出せず、じれったい思いをして、翌朝ぽっと名前が出てきて驚いたりすることもあります。

ある人を誰かに紹介しようとするときなど、五十音順にたどっている暇などない場面ももちろんありますから、他の方法も必要になります。それには記憶術が役に立ちますが、この方法は、ある名前を思い出すことが必要になるだろうと前もってわかっている場合にだけ効果があります。

人を紹介しようとしてその人の名前が出てこないという失敗は恥ずかしいもので、その恥ずかしいと思う気持ちが思い出せない原因のひとつにもなっています。吃音《きつおん》がある人の場合を考えてみてください。その人はこれまでに吃音でひどい思いをしてきたために、よけいにどもってしまうのです。紹介する人の名前を忘れてしまうのではないかと気にするあまり、忘れてしまうのかもしれません。心配して気にしてばかりいると、名前を思い出せない相手とは目も合わせられなくなったりして、さらに事態は深刻になります。プルーストが言ったように、その状況のなかでごく些細なことが引き金となって思い出せることもあります。相手の様子をきちんと見ていないせいで手がかりとなる部分を見逃してしまうと、よけいに思い出せなくなります。ちゃんと相手を見るようにして、できるだけ困った事態に陥らないようにしましょう。

人の名前を口にしなければならない場面があると前もってわかっているのなら、さまざまな方法を使ってその機会に備えることができます。たとえば、何かの会合で知人に会うとしたら、あらかじめその会の出席メンバーの名簿に目を通しておき、必要になりそうな名前を確認しておくのです。あるいは、会合に着いたらすぐ、紹介が必要になる前に、その場にいる人たちの名前を思い出す作業を始めておきましょう。

忘れっぽくなったと潔くありのままに受け入れることも必要なのかもしれません。いつでも歳のせいにしてしまえばいいのです。友人の名前を忘れてしまったら、「なぜかいつも一番覚えておきたい名前から忘れてしまって」と言っておけば、相手は不快とは感じないはずです（自分にとって大事な人の名前を忘れたらどうしようと心配するあまりに忘れてしまったのなら、その言葉は嘘ではありません）。あるいは、「人に名前を聞かれて、自分の名前すら思い出せなかったこともある」とでも言っておきましょう。

たとえば配偶者など、よく知っている人の手助けがあれば、ほかにも方法が考えられます。よくあるように夫と妻が別々のサークルで活動していて、たまに会合で同席することになったとき、お互いの紹介が必要となります。あなたのサークルのメンバーが近寄ってきて挨拶をしたら、夫ないしは妻のほうを向いてこう言います。

「こちらの方、もちろん覚えているでしょう……」。そこですぐさま夫ないしは妻は握手の手を差し伸べながら言うのです。「ええ、もちろんですよ。お元気ですか？」

そのふたりが絶対に会ったことがないというのでなければ、相手も調子を合わせて応対するでしょう。その人だって前に会ったことがあるかもしれないのに忘れたと思われたくないでしょうし、それにひょっとしたら、相手も記憶力の衰えという問題を抱えているかもしれないのです。このような紹介はいわば儀礼的なものにすぎず、恥ずかしい思いをしたくなくてその場をしのいでも何も害はありません。「お元気ですか？」と問われて、実際は具合が良くなくても「ええ、おかげさまで」と返事をするのと似たようなもので、わざわざ同情してもらわなくてもすむようにしているだけのことです。

もうひとつ便利な方法をお教えします。しばらく会っていなかった相手には、挨拶をしながら、こちらから先に名乗ってしまいましょう。これは礼儀にかなった行動ですし、相手も同じように礼儀正しく自分の名前を名乗ってくれるはずです。

言いたいことを忘れる

当然のことながら、忘れて出てこないのは言葉や名前だけではありません。折りに触れて何かからの引用を使うのはいいのですが、それもちゃんと思い出せる場合に限ります。名前を間違えて祈りを捧げたり忠誠を誓ったりしてしまうおそれは常にありますし、ちょっと時間をもらって頭の中でリハーサルをしてみるのもいいでしょう。国歌斉唱のときに歌詞を度忘れしてしまったら、もっともらしく口だけ動かしていればいいのです。ただし、始球式で独唱を引き受けた場合には口パクでは通用しません。善良なる国民なら楽譜を見たりはしないでしょう。念入りにリハーサルするしかありません。

時には、自分が言おうとしていたことを忘れてしまうこともあります。会話していて、相手がしゃべり終えるのを礼儀正しく待ちながら、気の利いた意見を考えていて、いざしゃべろうとすると頭の中は真っ白。あなたが何かを言おうとしているのがみんなにわかってしまうとよけいに気まずい状況になります。解決法としては、ひとつは、言いたいことをずっと独り言のように言い続ける。もうひとつは、年寄りの特権だと開き直って相手の話に割り込む。さらにもうひとつは、メモをとることです（相手の話をメモしているのだと思わせておきましょう）。

自分がしゃべっていて話が本筋から逸れていってしまうという場合も、問題は同じです。余談が終わっても、なぜそんな話になったのか、どこから話が脱線してしまったのかが思い出せない。解決法は、単純に、脱線しなければいいのです。つまり、自分で自分の話に割り込んだりしないこと。話す一文が長い場合にも、かならずといっていいほど同様の問題が起こります。文の最後のほうはもう文法的に最初の部分とかみあわなくなってしまう。最初の部分がすでにどこかへいってしまっているからです。立ち上がって別の部屋へ来たけれど何をしにきたのか忘れた、というのに似ています。

このような文法的なちぐはぐは、母国語でない言語を話しているときには特に、年齢に関係なく、よくあることです。要するに、複文でしゃべろうとするからこういう間違いが起こるのです。単文で話すようにするとずっとうまくいきます。それに年老いてくると、母国語で話しているときでも、同じことが起こるのです。

やることを忘れる

出かける十分前、天気予報を確認すると、帰る頃には雨になりそう。そこで傘を持っていこうと考えます（これは文字通り、傘を持っていくという行為が頭に浮かぶのです）。でもまだ実行するまでには至っておらず、そのわずか十分後、傘のことなどすっかり忘れて出かけてしまう……。

この手の問題を解決するには、何かしようと思いついたらできるだけすぐに実行に移すことです。ドアノブに傘を掛けておくとか、カバンの持ち手に傘を引っ掛けておくなど、とにかくまずは持っていく準備をするのです。同じ方法を使って、今すぐにはできないことをあとで思い出すことができます。たとえば、夜中に納税手続きの期限が迫っていることに気づきました。明日かならず振り込まなくては、と気づいたその時点で、できるだけのことをしておきましょう。ベッドから出て、納付用紙を食卓に置いておくのです。

同じような問題として、何か良い考えを思いついても忘れてしまうということが起こります。よく夜中にアイデアを思いつくという人は、枕元にメモ用紙や録音機《レコーダー》を置いておくといいでしょう。隣で寝ている相手を起こしたくないなら、小型のライトがついたペンもあります。日頃からメモ帳や録音機を携帯していれば、いつでも思いついたことを記録できます。これは年齢に関係なく便利な方法ですが、とりわけお年寄りには役立ちます。日常生活がムダなくうまくいくようになり、暮らしが楽しくなります。記憶する代わりに記録しましょう。

予定の行動を忘れる

頭痛がするときに鎮痛薬を飲むのを忘れることはめったにないですが、高血圧などあまり自覚症状が明確でない病気のための薬は飲み忘れがよくあります。なぜそうした違いが生まれるのでしょうか。

鎮痛薬を飲み忘れないのには理由がふたつあります。ひとつは、痛みが薬を服用することを思い出させるからです。もうひとつは、服用するとその効果がわりと早くあらわれて、頭痛が解消されるからです。こうしたふたつの理由は、高血圧症にもその投薬治療にもありません。一般的に、そうした慢性疾患の治療薬を決まった時間に服用しなければならない場合には、ふたつのものが必要です。「思い出させてくれるもの」と「動機づけとなる効果」です。

一日に二回、朝晩に飲まなければならない薬があるとしましょう。ほぼ毎日だいたいその時間帯にやっている行動を何か見つけてください。たとえば、歯磨き。歯ブラシの柄の部分に小さな錠剤入れ《ピルケース》を輪ゴムで留めておくのです。歯ブラシを使うためにピルケースをはずせば必ず、薬を飲むことを思い出します。よほどずぼらな人でなければ、食事・整髪・着替えなど、毎日規則正しくやっていることがいろいろあると思います。こうした習慣的な行動を時計のアラーム代わりに利用して、何かをしなくてはいけない時間だと思い出すようにするのです。

動機づけとなる効果としては、決まりごとを予定どおりに実行できたなら、それを記録するようにしてみましょう。カレンダーに大きな丸印をつけていくのもいいですね。たとえば、一日に四回、目薬を点眼するように指示されたとしましょう。一回点眼するごとに、円の四分の一を黒く塗りつぶすと決めます。忘れずにできたなら、一日の終わりには黒丸になります。日が経つにつれて、カレンダーに黒丸が並んでいるのが一目でわかり、ちゃんとできた自分を誇らしく思えます。そして今後も黒丸が続くように頑張ろうという気になるのです。

主治医から、毎日決まった距離を歩くよう指導されたのなら、歩数計を活用しましょう。ポケットに入れたり服に装着したりしておけば、どのくらいの距離を歩いたかを記録してくれる便利な道具です。目標とする距離を決めておき、目標到達の度合いによって丸を黒く塗りつぶします。室内でエアロバイクをこいでいる人も、走行距離が表示されるなら、同じ要領でカレンダーに記録しましょう。ずっと継続していけば健康維持に役立ちますし、医師や友人たちから称賛の言葉も得られて（運動の話題は話のネタとして最適です、ただしやりすぎには要注意）、もっと頑張ろうとか、記録を伸ばしていこうという気持ちになれるでしょう。

物を置いた場所を忘れる

「眼鏡はどこ？」「車のキーはどこだったかな」。置いた可能性のある場所は数知れず。しかも、視力も弱ってきているのでよけいに探しにくい。眼鏡を見つけるのに眼鏡が要るし、眼鏡をかけていても鍵を探し当てるのに苦労する始末。薄暗いなかで指先でさぐってみても、何を触っているのか昔のようにすぐにはわからない。そこで、目の不自由な人の知恵を借りましょう。解決法はただひとつ、「すべてのものに置き場所を決める」ことです。

念入りに隠されたものを探し出すのは特に難しいですね。宝物を埋めた場所を忘れるような間抜けはいないと言われますが、確かにそうあってほしいとお年寄りはみんな願っています。一カ月間ほど家を留守にすることになったとしましょう。盗まれては困る貴重品が家にはいくつかあります。銀行の貸し金庫に預ける代わりに、地下室とか屋根裏部屋に隠すことにして、古い収納箱、スーツケース、衣類や本、家具などにうまく紛れ込ませました。これで泥棒が入ってもちょっとやそっとでは見つけられないはず。そして帰宅してみると、自分が最終的にどこに隠したのかを思い出せなくて、ちょっとやそっとでは見つけられないことに気づくのです（ちなみに、熟練の泥棒は素人《しろうと》がここなら大丈夫だと思う場所を的確に当てられるそうです）。

宝物を埋めた場所を忘れるような間抜けはいないと言った人は、ひょっとしたら海賊のことを考えていたのかもしれません。でも海賊も忘れてしまう危険性をわかっていて、ちゃんと地図を作ったのです。でなければ、埋蔵された宝物の伝説はこれほど多くなかったでしょう。あなたも、地図を作っておけば問題は解決できます。大切な物の場所を示す地図を見やすい場所に貼っておきましょう。

さらにやっかいな問題となるのは、宝物を隠したことそのものを忘れてしまう場合です。持ち歩くには少々多額すぎる現金があって、家に無造作に置いておくのはどうかと思い、本にはさんで本棚に戻します。何年か経って、古本屋の棚でその本を手にとった人が、ページの間にはさまれたお金を発見し、裏表紙に書かれたあなたの名前を見て、感謝を捧げるでしょう――その頃にはあなたはもう故人になっているかもしれませんが。

人はいかに忘れやすいものかということを、決して忘れてはいけません。

約束を忘れる

友人とのランチ、テレビの特別番組など、楽しみにしていることは、決まった日や曜日の決まった時間でなければならない場合が多いものです。その決められた日時を覚えておかなければ楽しむことができません。そこが問題なのです。手帳やカレンダーが役に立ちますが、それも結局は、（一）そこに予定を書き込み、（二）書き込んだものを見る、というふたつの行動を両方忘れずに実行できた場合の話です。いつもカレンダーを利用するようにすると、生活の楽しみに大いに役立つのですが、カレンダーは面倒で使いにくいと思っているお年寄りが多いようです。

うまく使いこなすためには、まず最初は大きめの壁かけカレンダーを活用してみるといいでしょう。かならず見るような場所に張りましょう。たとえばトイレの壁などもいいですね。しょっちゅう目にしていると、自分が書き込んだ予定を何度も確認することになり、ほかにどんな予定があるだろうかと考えるようになります。すると、いつの間にか書き込むべき予定を探している自分に気づくでしょう。どうしてもしなければならない約束事だけではなく、いずれ機会があればやりたいと思っていたことも書き込もうと思うようになるのです。

さらにもうひとつの効果として、この先忙しい日々が続くのが一目でわかると、毎日の生活をもっと慎重に予定を立てるようになります。カレンダーだけでなく手帳も活用するようになる頃には、もっと楽しみの多い生活に向かって大きく前進しているはずです。

ただし、カレンダーでは事足りない場合もあります。一日のうち決まった時間に何かをしようという場合です。見たいテレビ番組がある、何時になったら友人に電話をする、冷凍食品を調理の一時間前に解凍する、というようなことです。これにはタイマーを使うとよいでしょう。ごく普通の目覚まし時計でも充分です（手先が器用な人は、アラーム設定のつまみを大きく操作しやすい形状に変えるといいでしょう。たとえば、接着剤で一センチ大ぐらいのボタンを貼り付けるなど工夫してみてください)。もっと短い時間単位で正確さが求められるような場合には、キッチンタイマーを使いましょう。

ふたつの大きな効果があります。ひとつはまず、忘れずに実行できて楽しむことができます。そして、実行するまでの時間をリラックスして過ごすことができるのです。若い人だって忘れることはあります。若いうちから物忘れ対策をきちんとやっておくと、老年期を楽しく暮らすための大きな一歩となるでしょう。

第四章

頭をしっかりと働かせる

目に見えるようにして考える

ローレルとハーディのふたりがホテルを探しています。ハーディはおまわりさんを見かけ、彼に聞いてきてとローレルに言います。ローレルはおまわりさんに近づいていって尋ねます。「すみません、おまわりさんはどこですか？」

お年寄りならおそらくこれと似たようなバカなことをやってしまった経験があるでしょう。ある言葉の意味について友人と議論になり、じゃあ辞書で調べてみようということに。辞書を引くあいだも議論を続けていて、気づいたら「辞書」という言葉を調べていた、とか。コーヒーを飲みながら本を読んでいて、途中でコーヒーがなくなり、空になったカップを本棚に置いて、本を持ってキッチンへ……。

こういう行動が、歳をとると頭がボケると言われるゆえんなのです。シェイクスピアの『から騒ぎ』に登場するドグベリーは言いました。「歳が増えれば脳みそが減る」。自分でもどうかしてしまった、耄碌《もうろく》してきたと思うような行動をしてしまうのです。でも、そうした行動は年齢に関係なくやってしまうこともあるし、大失敗することもあります。こんな話もあります。最近結婚したばかりの二十代の女性が、クリーニングから戻ってきたご主人のシャツを片づけていました。袋から出して台紙をはずすと、たんすの引き出しに台紙をしまい、シャツをゴミ箱へ……。まだ若いのにこういう行動が目立つようなら専門医を訪ねるべきかもしれません。でもお年寄りの場合はまだ情状酌量の余地があります。

ひとり暮らしの場合や理解ある同居人（特に同じ悩みを持つ人）と暮らしている場合には、少々ボケていても楽しく生活できるでしょう。でも他人と一緒にいるときは、支離滅裂な行動はやっかいなことになります。

根本的な問題点は、物忘れの場合と似ています。何かをしようと行動を起こしたけれど、当初の動機がだんだん弱くなってきて、そこへ別の些細なことがするりと入り込んでしまうのです。ローレルの場合も、おまわりさんのところに到達するまでのあいだに、「ホテル」よりも「おまわりさん」に意識が向くようになったのです。辞書を手にした時点で、頭を悩ませていた言葉よりも「辞書」のほうが強くなっているわけです。

似たようなことは会話の途中でも起こります。言おうとしていたことをふと忘れるというだけではありません。何かが割り込んできたために、自分がしゃべろうとしていたことをすべて忘れてしまうのです。その結果、とりとめのない話が延々と続きます。フランクリンは自伝のなかでこう言っています。「自分の話が脱線してだらだら続くようになったとき、私は老いを自覚した」

書類を準備している弁護士、説教の原稿を書いている聖職者、法案を起草中の政治家、株主向けの報告書を作成している会社重役、実験結果をまとめている科学者、書評を書いている評論家、集会のスピーチを考えている大会関係者、本や原稿を執筆する作家や記者……そういう人々にとってものを考えることは仕事の一部であり、理路整然と考えをまとめることができなければ大変なことになります。特別な対策が必要でしょう。

文章は文がいくつも連なってできています。最初に何を述べるか思いついた時点で、文がきちんと順番どおりに並んでいるわけではありません(本書だって「老いを楽しむことについて話してください」と求められてしゃべった内容をそのまま記録しているわけではありません)。

最初はまず言いたいことを二、三個に絞ってみましょう。それをできるだけその場で書き留めるようにすると、忘れずにすむし、書き留めたキーワードを使いながら考えを進めることができます。

やがて文がだんだんいくつかにまとまってきて、書類の項目や文章の章立てが見えてきます。章や項目の順番を入れ替えて、最初のほうに持ってきたり、もっと話が進んでからにしたりという作業も必要になります。各章や項目に番号をふっておくと、そうした編集作業も楽にできます。第一章には「1」、さらにそのなかの項目ごとに「1-①」「1-②」などとし、その項目のなかでさらに細かく分けて「1-①-1」「1-①-2」というようにするとよいでしょう。順番を変更したほうがいいと思ったら数字を書き換えるだけでよいのです。

関連事項のメモや切り抜きや引用文献も、きちんと照合できるように番号をつけて整理しておきましょう。何かひとつ考えが浮かぶごとにインデックスカードを使って書き留めるという著述家もいます。カードならいつでも追加することができますし、最後にまとめるときに論理的な構成を考えながら自由自在に入れ替えることも可能です。構成が進むにつれ、ふっておいた番号が役に立ちます。いま自分はどこまで話を進めているのかがわかりやすいのです。

おそらく若い頃には、こうした作業を頭の中だけでできたでしょう。その頃だって、頭の中だけでなく書き出してみるようにしていたら、もっと出来の良いものが仕上がっていたかもしれません。年老いた今はなおさら、頭の中から外へ出して、目に見えるようにして考えるべきです。

考えるためのコンディションを整える

考えをまとめるために準備できることはいろいろあります。真剣に考える作業を夜寝る前まで先延ばしにしている人が多いのですが、その時間帯には考え事をするにはもっとも適さない状態になっています。そこが間違いなのです。

あなたがピアニストで、明日の夜の演奏会で有名なオーケストラと共演することになっているとしましょう。最高のコンディションで自信を持ってステージに立つためには、どうすればいいでしょうか。本番当日は慎重に計画的に行動するでしょう。食事は軽めに。練習もするけれど疲れない程度にとどめて、昼寝も少し。娯楽小説を読んだりして気分転換をしてみたり。そうした結果、ステージに上がるときには最高の演奏ができる状態になっているのです。

何かのテーマについて論理的に考えをまとめることは、ピアニストが良い演奏をするのと同じくらい難しいのです。同じように慎重に準備を整えるべきです。準備の大切さは年齢に関係ありませんが、高齢になって話したり行動したりとすでにできるはずのことがやりにくくなったと感じている人にとっては、特に重要になってきます。名前ひとつとってもあれこれ長いプロセスがあってようやく思い出せるのと同じように、アイデアもちゃんと頭の中にあるのになかなか出てきてくれなくなります。考える準備を整えることによって、問題が一気に解消するわけではありませんが、解決しやすくなることは確かです。

ゆっくりとしたペースで考えることも大事です。スピードの遅さはたいしたハンディキャップではありません。老人にはたいてい時間がたっぷりあるのですから。老いて考える者として自分なりのペースをつかむことで、性急な若者よりも優位に立てるかもしれません。幼稚園の頃からずっと「じっとして考えなさい」と言われてきたはずですし、『ロミオとジュリエット』にはこんな台詞もありました。

「急ぎすぎるのは遅すぎる歩みと同じこと」

アイデアを集める

アイデアというのは、頭の中の樹に果実がなっていて、欲しいときにつみとればいいというようなものではありません。アイデアは時と場所に関係なく、ふいに思いつくものですから、そうしたアイデアを実際に使う機会が来るまで、消えないように保存しておかなければなりません。物忘れ防止のための方法がここでも役立ちます。枕元にメモ帳や録音機を置いておく（一緒に寝ている相手を起こさないように、小型のライトつきペンも活用しましょう）、外出や通勤のときには手帳や小型レコーダーを携行する、といった方法です。こうしてアイデアを集めておくと、あとで考えをまとめて書くときに役立ちます。

集めておいたアイデアを一覧にしてみると、ひとつひとつを思いついたときにはわからなかったのに、全体に関連性があることに気づくでしょう。書類、説教、報告書、スピーチ、記事や小説などに盛り込まれるアイデアは、遺跡から発掘された陶器のかけらのようなものです。かけらをどう組み合わせるかがわかって全体像が見えてくると、素晴らしい発見となります。アイデアの構成ができて最終的に表現したい内容がまとまれば、素晴らしい理論が完成するでしょう。

言葉にハンディキャップがある人には杖も車椅子も役に立ちませんが、手元に常備しておくと便利なものは何でも利用しましょう。ペン、鉛筆、紙、文字入力のできるキーボード、口述録音機、記録したものを分類して検索できるようにするなど、いろいろ活用しましょう。気が散ることなく集中して考えられる場所選びも大切なポイントです。集中できない状態は絶対に良くありません。思考があっという間に脱線してしまうからです（電話に出ようと立ち上がったときに、本の代わりにカップを本棚に置いてしまうようなことはよくあるはず）。たとえ天才でも、他のことに意識が向いているとこうした間違いはよく起こりますから、ご心配なく。工場労働者の欠勤率が週明けの月曜日が一番高いことでもわかるように、心ここにあらずという状態はたいてい集中力が阻害された結果なのです。

でも、時には思考の脱線が貴重な結果をもたらす場合もあります。誰かと一緒のほうが考えが発展することが多く、それは自分の得意な分野だけでなく別の方向へ目を向けさせてもらえるからです。議論が白熱してくると、自分ひとりでは思いつかなかったような考えを発言していたりします。

この点が特に年老いてくると不利なのです。気心の知れた相手を失っていることが多いからです。退職した教師にはもう話しかける生徒はおらず、引退した科学者は研究について議論できる仲間がいない、第一線を退いたビジネスマンは話し合える同僚がいない。よくあることですが、老人は誰かと一緒にいても、その人とは同じ興味を分かち合えないことに気づくのです。相手と一対一でもいいから、会話をする機会を持ちましょう。会話をすることによって頭の体操になりますし、何よりも、自信を失わずにいられます。

ちゃんと筋道を立てて考えられないのではないかという不安は、言葉がうまく出てこないんじゃないか、忘れて思い出せないんじゃないかといった不安と同じで、その不安のせいで事態をさらに悪化させるおそれがあります。考える力を高めるためにできることは何でもやってみてください。そうすればやがて自信が持てるようになるでしょう。

頭を疲れさせない考え方

老いは疲労に似ています。ただし、リラックスしたり休暇をとったりしても回復できない点が疲労とは異なります。とりわけやっかいなのは、老いに疲労が加わることですが、疲労のほうだけは回避することができます。トラブルの原因となるタイプの疲労は、肉体労働のあとに起こる疲労とはタイプが違うため、区別して、精神的疲労と呼ばれています。肉体的には充分に休息が足りているのに、やっていることがイヤでたまらず、「もう何もかもうんざり」となってしまうことも少なくありません。

肉体的な疲労の場合、休息が必要なタイミングはたいていわかるものですが、精神的な疲労は気づかないことが多いのでダメージが大きくなりがちです。それでもいくつか徴候があって、考えるのをやめてリラックスするべきタイミングを知らせてくれています。

おかしな話だと思われるかもしれませんが、このアイデアはアドルフ・ヒトラーが思いついたものです。現在ハーバード図書館に所蔵されている押収文書によると、第二次世界大戦の末期、ヒトラーはドイツに残っていた数名の社会科学者に、人はなぜ間違った決断を下すのかを解明するよう指示したそうです。社会科学者たちが出した答えは、「人間は精神的に疲労していると決断を誤る」というものでした。

さらにヒトラーは精神的疲労の徴候を調べるチェックリストを作成させ、将校でそうした徴候を示している者は休暇を取るように命令を出しました。何としたことか、ヒトラーは自分は対象外にして、間違った決断を下し続けたのです。そのチェックリストのなかには、いま私たちが自分の疲労度を判断するのに役立ちそうなものもいくつかあります。

・人をののしる言葉や荒っぽい言葉が増える
・自分のミスを人のせいにして責めるようになる
・決断を先延ばしにする
・自分をかわいそうだと思う

・運動をしたりリラックスしたりするのがイヤになる
・過食あるいは拒食

さらにもうひとつ参考となる徴候として、「ごまかして言い逃れをする傾向」が挙げられます。昔の吟遊詩人は決まり文句を用意していて、そのあいだに次の台詞《せりふ》を考えるための時間稼ぎをしていました。同じようにして、現代の私たちも疲れると決まり文句に逃げ込みます。「現時点では興味をもって見守っていきたいと思います」とか「そろそろ別の話題にしましょうか」などと言いながら、うまくその場をとりつくろって、次の話題で気の利いた意見を思いつくまでごまかしてやりすごすのです。

疲れていると、間違ったことを口にしてしまうこともあります。一番わかりやすいのは、正しい言葉と音韻が合っていたりどこか似ていたりするために思わず取り違えてしまう、いわゆる「言い間違い」です。他にも、使い古された常套句、文法的におかしい表現、どこから借用した内容、シェイクスピアの「格言」みたいなもったいぶった言い回しなどを使おうとすると、言い間違いが起こることがあります。疲れていると連発してしまうので、言い間違いをしたくないのなら疲労しないようにするしかありません。疲労した状態で老いを迎える人が多いのですから、なおのこと、事前の予防策を講じておく必要があります。のんびり過ごすことで疲労は回復できますが、どの程度回復できるかは何をして過ごすかによって違ってきます。空いた時間に体力を消耗するような活動をしていたら、理論立てて考えをまとめることなど無理でしょう。ギリシャ語に「エウトラペリア」という言葉があります――この一語で「余暇を有効に活用する」ことを言い表しています。

もしあなたが真剣に問題を解決したいのなら、余暇の過ごし方を慎重に決めるべきです。難しいパズルやチェスなど知的ゲームが好きな人もいるでしょう。そうした娯楽は楽しいかもしれませんが、頭が疲れるのでほどほどにしておきましょう。自分の中の基準をゆるめて、これまではくだらないと決めつけていた推理小説を読んだりテレビ番組を見たりしてみることをおすすめします。

創造力にまつわる誤解

人生の盛りを過ぎた人の話には目新しいものが何もない、とよく言われます。幻想的な作風で知られる作家、ホルヘ・ルイス・ボルヘスは「七十一歳にもなったら、すでに自分が書いた文章から盗作する以外にどうしろっていうんだ！」と言い放ちました。若い頃に耳にした言葉だったら、言ったのが自分であれ他人であれ、すらすらと口をついて出てくるので、似たようなことを言わなければならない場面になるとつい同じことをまた言ってしまうのです。年老いた学者にとってショックな出来事のひとつは、もとは自分がかつて論文で発表した内容が、いま別の人によってとても説得力のある、しかも美しい言葉で表現されているのを目の当たりにすることです。

話だけでなく、考え方も古い方法を続けてしまいがちです。現在よりも過去の地位にいたときのほうが説得力があったと思うからというのがその理由です。人文学者、科学者、哲学者、政治家といった人たちは、歳をとると、若かった頃の自説を固守し続けることが多く、それは単に、新しい見解を取り入れると過去の誤りを認めたと思われるかもしれない、名声や地位を失うことになるかもしれない、ということしか頭にないからです。

これと似たようなことは誰にでもあります。意見を変えることは誤りを認めるようなものだと思われがちですが、古い意見はそのとき正しかったのならもうそれで充分なのではないでしょうか。

年老いても創造力を発揮し続けることは可能だということを納得してもらうために、ありがちなやり方ですが、有名な例を挙げてみましょう。ミケランジェロは八十九歳で亡くなるまで画家として活動していました。ヴェルディが「ファルスタッフ」を作曲したのは八十歳のときです。こんなふうに何歳になっても創作活動ができる人はごくわずかでしょう。フランシス・ベーコンは言いました。「若者の発想は年寄りの発想よりも生き生きしているし、若者の頭のほうがイマジネーションが豊かに湧いている」。それはおそらく真実に近いでしょう。

ハーヴェイ・C・レーマンは不朽の名著『年齢と達成（*Age and Achievement*）』のなかで、このベーコンの言葉が真実であると段階的に証明されていった長年の研究結果を報告しています。それによると、十八世紀には四十歳代が働き盛りだったのが、十九世紀から二十世紀になると三十歳代に変化したそうです。「寿命そのものは延びているのに、人生でもっとも創造力を発揮できる期間がだんだん短くなってきている」と述べています。

これだけなら老人にとっては朗報でもなんでもないところですが、レーマンの発見にはまだ続きがあります。老年期に入ってから創造力が著しく復活する分野が数多くあるというのです。

たとえば、優れた叙情詩が創作される年齢を統計グラフにすると、二十五歳から二十九歳がひとつのピークであり、さらに八十歳から八十四歳にもうひとつのピークがみられるそうです。社会に大きな影響を与えた本の著者七十人を調べたところ、その執筆時期は三十五歳から四十三歳にひとつのピークを示していますが、さらに六十歳から六十四歳でもうひとつのピークがあります。ルーブル美術館に所蔵されている代表的な絵画のうち、多くは画家が三十歳代で制作していますが、七十歳代で描かれた作品も数多くあります。室内楽作品では、作曲家が三十代後半の頃の作品が多いのですが、七十代前半の頃の作品というものもそれに匹敵するくらいの数があります。哲学者は三十五歳から四十歳のあいだに特に精力的に活動をしますが、八十歳を過ぎてもなお活動を続けている人もいます。

目新しさという刺激

ある意味では、子供は独創的で創造力があります。それは子供にとって、することすべてが目新しいからです。自分をとりまく目新しいものが、斬新な行動を引き起こすのです。年齢が進むにつれて初体験のものは減っていくので、決まったやり方を踏襲するようになっていきます。古いやり方でちゃんとうまくいくのなら、独創的なやり方を考える必要はないのですから。年老いてくると、若い人たち以上に古いやり方で問題に取り組もうとする傾向が強く、独創性や創造性に欠けると思われがちですが、それは古いやり方でやってきた期間が若い人たちよりも長いからなのです。でも、問題によっては、古いやり方はもはや通用しません（変化が乏しいことから生じる「退屈さ」もそうした問題のひとつです）。

詩や小説、絵画、音楽といった創作の起源は、「種の起源」に似ています。生物の多様性は、おそらく偶発的に、生存競争によって選別されていった結果です。それと同じように、詩や小説や絵画や音楽も、創作中に作家や画家や作曲家が受けた影響によって変化し、多様性が生まれてきます。創造力に富んだ人は、自分の作品に変化を持たせるにはどうすればいいかを知っていますし、どの変化を選択しどれを却下するかという判断力を持っています。そうした制作者の意図に読者や鑑賞者や聴衆たちが共感するかどうかが、作品の評価の分かれ目です。非常に多くの人が共感すれば、その作品は普遍的なものだと評されるのです。

わざと変えてみる

創造力を発揮するためには、自分のやり方をわざと変えてみるというのもひとつの方法です。明らかに「正しい」と信じられていることを正反対にしたらどうなるか、試してみるといいでしょう。決められた手順に従わなければならないと思っているのなら、従わなかったら何が起こるのか試しにやってみましょう。いつも決まった道順を選びがちな人は、別の道順で行ってみましょう。若い頃に身につけた方法をそのままやらないように、意識的に避けるようにしてみてください——たとえ結果を確かめるためだけであってもやらないでおきましょう。

行動のバリエーションが多彩であればあるほど、今後も継続していこうと思える行動が増えて、きっと貴重な助けとなります。広告業界がよく使う「大々的に宣伝して大衆の反応を確かめる」という言い回しは改めるべきですね。アイデアを実行して確かめるべきなのは、大衆の反応ではなく、あなた自身の反応です。

第五章

やりたいことを見つける

空いた時間をどう使うか

一般的に、老後は退職とともに始まります。いつ退職するかはたいてい選択の余地があるので、老後は先延ばしができるかのように思われているかもしれません。しかし、退職を遅らせようとは思わない人もいるでしょう。それどころか、できるだけ早く退職して引退したいと思っている人がほとんどです。退職を勧められている人もいるでしょう。社会保障制度がそれを可能にしてくれますし、いつまでも仕事にしがみついていないで、その仕事をもっと必要としている若い世代に引き継ぐべきだと言われたりもするでしょう。従業員が若いほど人件費は抑えられるので、企業は退職をより魅力的なものにするために、年金や退職金をあれこれと工夫します（年輩の従業員に早期退職を奨励し、失業保険をできるだけ長期間受け取るように促す企業もあり、経営側は奨励期間の収入やその後の年金給付額に差をつけるなどします。その結果、老後が長くなり、早期退職によって老いを楽しむという問題がいっそう深刻化しているのです）。

引退というのは近代になってからの発想です。それまでは、人は歳をとるにつれて、これまでやってきた仕事の量をだんだん減らしていくか、もっと簡単な仕事に変わるだけでした。一八七〇年のアメリカでは、六十五歳以上の男性のうち働いていないのはわずか二五パーセントだけでした。それから一〇〇年後、その割合は三倍、七〇パーセント超になっています。アメリカでは女性の「引退」も早くなっています。大家族が当たり前だった時代、末っ子が独り立ちする頃には両親は六十代半ばという感じでした。それが今ではせいぜい五十歳くらいでしょう。老後の始まりがそれだけ早くなり、長く続くことになったのです。

毎日バリバリ働いて、自分の仕事が好きだという人は、退職や引退を「休息の権利」だと考える傾向があります。この考え方は若い頃に確立されます——夜になると仕事をやめて帰宅し、週末ごとに楽しく過ごし、毎年夏には休暇をとる。多忙な仕事人生からの引退はこれと同じだと考えるのも無理はありません。しかし、休めば元気がよみがえるものです。そして、休息のために引退した人は、やがて仕事に戻りたいと思うようになっている自分に気づきます——でも、もう職はありません。

また一方で、仕事が嫌いで、できるだけ早く退職してしまおうという人もいます。しかたなく働いてきた人たちですから、仕事を続けざるをえない理由がなくなったとたんに、喜んで辞めます。労働生活をやめるのです。この人たちにとって引退は一種の逃避です。しかし、やがて気づくのです。本当は好きだったことからも遠ざかってしまったのだということに。仕事をしていたから、家に閉じこもることもなく、いろんな人々と会う機会もあったし、時間をやりくりして有効に使っていました。その時間を今ではすっかり持て余してしまって困っているのです。老後の楽しみにしていたゴルフをしたり、心おきなくテレビを見たり、友人に会いに出かける機会が増えたりしても、時間はまだ余っていて、退屈で退屈でたまらなくなります。短い休暇だったら「何もしない贅沢」となるところですが、老後をずっと「何もしない」でいるなんてとんでもないということに気づくのです。幼い子供がよく「なんにもすることがない」とぐずったりすることがありますが、あれは退屈というものを鋭く見抜いています。

この問題の起源はおそらく数千年前にさかのぼると思われます。収集と狩猟に代わって農業と酪農が始まり、同時に生産技術も向上してくると、生活にかなりの時間の余裕が生まれたのです。それ以来、この問題は絶えることがありません。労力を節約するための機械や生活習慣がさらに追い討ちをかけました。そうした発明によってもたらされた成果なのに、一方では問題を悪化させてしまったのです。

いつの時代でも、人は裕福になると、ギャンブルに溺れたり、暴力的なスポーツに傾倒したり、暴飲暴食やドラッグに走ったりするものです。暇な時間をどう埋めるかは施設入所者や生活保護を受けて暮らしている人たちにとっても問題となっていて、裕福な人の場合と似たり寄ったりの行動に走ってしまうことが少なくありません。この問題はお年寄りも同じです。空いた時間をどう有効に使えばよいのか、解決法を探してみましょう。

働くことの効用

「すべての労働は尊いものである。糸つむぎの作業も然り。労働ほど尊いものはない」。イギリスの歴史家、トーマス・カーライルの言葉です。でも、現在ではあまり心に響いてきません。プロテスタント的倫理を説く他の言葉とともに今ではほとんど使われなくなりました。貧しい人々を低賃金で雇うことを正当化するために富裕層が使った方便だと考えられるようになったからです。「尊い」という言葉に含まれる「立派」「身分が高い」「崇高」といった通常の意味からすれば、「労働」に対して使われるのはおかしいと思えるでしょう。でも、まったく労働をしていない人を見ると、その言葉に納得させられるところもあるのです。

ある程度の期間、継続して働いたあとに得られる「最終的結果」（たとえば賃金）と、労働作業そのものから得られる「即時的結果」とのあいだには、重要な違いがあります。即時的結果のほうにより大きな喜びを感じることが多いのです。

この違いを理解するには、職人の仕事を考えてみるとよくわかります。家具職人が家具を作っているとしましょう。自宅で使う家具かもしれませんし、販売用かもしれません。最終的結果は家具が出来上がってからしかわかりません。またそれは、作業の進め方だとか作業中に感じる喜びとはほとんど関係がありません。

職人にとって最終的な結果よりも重要なことは、旋盤を使ったりナイフで削ったりしながら自分の手で木材を加工していく確かさや、ふたつの木片がぴったりと組み合わさったときの気持ちよさ、やすりをかけニスを塗り、つややかに磨き上げた表面の仕上がり具合なのです。こうした作業そのものから得られる結果が、その人のすべての行動を決定し、つねに幸せな気持ちで仕事に向かわせるのです。

記事や小説、詩、戯曲などを書く仕事をする人も、同じように二種類の結果があるから執筆をするのです。本が完成すると、出版され、賞賛されて、名誉をもたらしてくれるかもしれません。でも、書いている途中で大事なのは、この文体でいいだろうか、言いたいことがちゃんと伝わっているだろうか、全体の流れはどうだろうかといった、文章を練り上げる作業そのものなのです。同じようなことが画家にも作曲家にも言えます。作品を完成させて得られる最終的結果も確かにあります。でもそれは、筆先がキャンバスに触れる、あるいは鍵盤でメロディの一節を弾いてみる、その瞬間に感じるものとはまったく別のものです。

まだ先にある最終的結果と作業中に得られる即時的結果の違いは、ゲームやスポーツの精神にも見られます。ゴルファーはボールを打ったりころがしたりして、最終的に打数が少ないスコアを目指し、対戦相手に勝とうとします。しかし、ゴルファーが良いプレーをするかどうか、楽しんでやっているかどうかは、ボールが狙った方向へ狙った距離で行くかどうか、つまるところはカップに入るか入らないかによって決まります。クラブを使ってボールの動きをコントロールすることがゴルフをすることの楽しみなのであり、それは勝ち負けとはまったく別問題なのです。

即時的結果こそが労働の「尊い」部分であり、するべき仕事がないとさみしくて残念に思うのはこの部分であることが多いのです。高齢者が「動機づけ《モチベーション》の欠如」のせいで活動しないのだといわれるのは、この即時的結果の本当の役割がきちんと理解されていないからです。そういうふうに言われると、高齢者のほうがどこか間違っていて、まわりの社会には何の落ち度もないかのように聞こえます。高齢者に欠けているのは、仕事にせよ遊びにせよ、暇で退屈している状態にさせないような、そんな種類の即時的結果であって、それが高齢者を行動しようという気にさせる「動機づけ」になります。

若い頃に楽しんでいたことの多くがもうできなくなったと思うと、気持ちが落ち込んでしまうものですが、住み慣れた町を離れて引っ越したときにもそれと似たような気持ちになります。昔住んでいた町でできていたことが、新しい町ではもうできなかったりします。いつものスーパーマーケットにはもう行けないし、ちょっと歩いてご近所さんを訪ねることも、顔なじみの郵便配達の人に挨拶をすることも、犬を連れていつもの道を散歩することもできません。これまで楽しみだったことのほとんどが、もうできそうにないのです。

そのことによる気持ちの落ち込みは、亡くなった人を恋しく思う気持ちにも似ています。その人と一緒に楽しんでいたことがもう何もできなくて寂しく思うのです。住み慣れた町や亡くなった友人を恋しく思うのと同じように、退職したら仕事が恋しくなるものです。

活動を邪魔するあれこれ

人がまったくの善意からあれこれと世話を焼いてくれるようになると、私たち年寄りは忙しくしているのが難しくなってきます。本当の援助とは、援助を必要としている人にしか役に立ちません。援助を必要としない人にとっては、活動のチャンスを奪われることになるのです（「天はみずから助くる者を助く」という言葉とは反対に、本当に慈悲深い神様なら自助努力をする人に手は貸さないでしょう。自分で成し遂げる喜びを奪うなんてことはなさらないはずです）。コートを着せかけてくれる親切な友人は、めったに使わない部分の筋肉を動かすチャンスを奪ってしまいます。通りがかりに車に乗せてくれた友人は、健康のために歩こうとしていた残りの距離を短縮してしまいました。買い物を代行してくれる人のおかげで、出不精になってしまいそうです。援助を断るのはなかなか難しいことです。受け入れてやってもらうほうが簡単だし、相手の気持ちを傷つけることもないでしょう。でも、心から助けたいと思ってくれている友人なら、自分でやりたいこともあるということを快く理解してくれるはずです。

援助するのを我慢するほうも難しいのです。幼い子供が靴ひもを結ぼうとしてなかなかできずにいたりすると、だんだんイライラしてきませんか。そのとき代わりに結んでやったりすると、子供から靴ひもの結び方を体得するチャンスを奪うことになります。お年寄りも同じで、頼んでいないのにまわりの援助をついつい誘発して、いろんなチャンスを奪われているのです。高齢者施設では、不必要な部分まで援助することによって、死期を早めてしまっていることが実際にあります。そうした行動は必ずしも思いやりからではありません。本人にさせるよりも誰かが代わりにやるほうが簡単ですぐに済むし、安上がりだというだけなのです。

当然のことながら、以前やっていたことをすべていつまでもできるわけではありません。たとえ老いによる生物学的な衰えをうまくカバーし、いろんな道具を活用して、まわりの環境を便利に整えたとしても、それでもかつてできていたようにはうまくできないことがあるのです。くどいようですが、ブルワー・リットンの言葉を紹介しましょう。

若者の辞書には存在するまい……「失敗」などという言葉は。

いや、若者だって時には失敗もするでしょう。でも年老いてくると、ますます多くの失敗をします。そうなると自然な気持ちとして、もう上手にできないことはやめてしまおうと思うようになるのです。それでも何かやることを見つけないと、何も楽しみがなくなってしまいます。

退屈せずに忙しくしているというのは、まったく休憩をしないという意味ではありません。休むことは、ぼうっと退屈することではありません。むしろ、必要なときに適切に休むのは、私たちにとって何よりの楽しみだと思います。何もすることがなくて退屈だというのは、何もやりたいことがないということなのです。

忙しければ良いわけではない

何かやることを見つけようというよりも、ずっとやってきたけれどもう楽しいと思えなくなったからやめてしまいたいとか、もう若い頃のようにはできないのに続けていることを終わりにしたいとか、そんなふうに考えることはありませんか。そんな考えはおかしいと思うかもしれませんが、実は当たり前のことなのです。だんだんと成果が得られにくくなってくると、そういう気持ちが起こります。

わかりやすい例を挙げてみましょう。渓流で釣りをしているとします。その川ではだんだん魚が減っていて、次の当たりが来るまでの時間が次第に長くなってきています。初めてここで釣りをしたときに今と同じくあまり釣れない状態だったとしたら、またここで釣りをしようとは思わなかったでしょう（アーサー・ミラー著『セールスマンの死』では、自分のテリトリーが干上がってしまった主人公が描かれていました）。

もうひとつの例は、最初のうちにツキに恵まれたせいで「ハマッて」しまってやめられなくなったギャンブラーの悲劇です。要するに、人間の行動の多くは、調子が良くて大きな成果が得られた頃に学んだものなのです。現在の成果を新しい目で見直すことができたら、もっと別のことをやろうと思うでしょう。

そうしなければいけない気がするから（あるいは、そうしなければいけないと本に書いてあったから）というだけの理由でただ忙しくしていたって、あまり良い効果は得られません。自分は怠け者だという後ろめたさを感じたくないから何かをするというのでは意味がないのです。今やっていることをなんとか楽しもうと躍起になるのではなく、もっと好きになれるものを見つけることに努力してみてください。見つけるまでには多少時間もかかるでしょう。自分が現在何を好きかはわかっているはずです。でも実はまだ知らないだけで、やってみてうまくできたら好きになれそうなことが他にもあるかもしれません。

リタイアからリタイアする

老いのせいでスキルやスタミナは衰えますが、その対処法として理想的なのは、ペースを落として一日の労働時間を減らすことです。ペースを落とすのはなかなか難しいものです。仕事のペースというのも若い頃に身につけたものだからです。そのペースがもはや自分には合っていないとしても、ちょっとやそっとでは変えられないでしょう。

試しに、ほんの数分間でかまいませんから、動作をゆっくりするようにして、やり慣れた仕事をしてみてください。動物園でナマケモノを見たことがありますか。あの動きをしばらくお手本にしてみましょう。きっと自分がいつもとは少し違うやり方をしているのに気づくはずです。そのあと、少し普通のペースに戻してみると、ゆっくりのときのやり方が役に立つことがわかります。

まったく突然に退職せざるをえなくなった場合には、同じ職種で働き続けられるような職場を探しましょう（世の中の経済情勢は気にしないこと。国家経済は国民の生産力に依存しているのですから、働いて国に貢献できる人を働かせないような状態では、国はますます弱体化します。失業問題の解決のために高齢者が犠牲になる必要はありません。高齢者も一般の失業者と何ら変わりはなく、みんなと同じように自分の失業問題を解決するべきです）。

もう働けなくなったという理由で退職した人も、仕事のやり方を人に教えることはできるのではないでしょうか。野球選手はチームの監督に、アメリカンフットボールの選手はコーチに、ビジネスマンはコンサルタントに、という具合に。

これまでやったことのある職種や仕事が見つからなければ、新しいことにトライしてみましょう。一目で見て気に入るようなものでなくていいのです。楽しくできると思ってその職種を選んだのに、実際には仕事が好きになれなくて、不幸せな毎日を送っている人は少なくありません。将来有望な業界なのに、その仕事を好きかどうかわからないうちに辞めてしまう人も大勢います。働き始めた頃には別に好きでもなかった仕事が、慣れて技術がついてくると好きになってきた、そんな経験に思い当たる人もいるでしょう。

自分に「できること」を探してみてください。最初からうまくできることなら、きっとすぐに楽しめるようになります。挫折や失敗が心配なら、ゆっくりから始めましょう。最初のうちは一日一～二時間までにとどめ、あまり負担にならない程度で続けていけば、やがて自分でも驚くほど、もっと長時間、もっとハードな仕事でもこなしていけるようになります。

たとえ慣れるのに時間がかかっても、がっかりしないでください。覚えているでしょう、かつてやっていた仕事だって、できるようになるまでにどれほど時間がかかったことか。フランシス・ベーコンは「若いうちに学び、歳を重ねてから行動せよ」と言いましたが、この言葉は誤りです。確かに行動する前に学ぶ必要がありますが、それには年齢は関係ありません。老犬だって、有能な調教師に訓練されれば新しい技をたくさん覚えます。

やるべきことの醍醐味

多くのチャリティ組織や慈善団体では、ボランティアとして協力したいと申し入れれば、大歓迎してくれるはずです。最初はそれほど興味がなかった活動であっても、いつの間にか深く関わっている自分に気づくでしょう。

もうひとつ、あなたを受け入れてくれそうなところがあります。ゆっくりとやっていくことで達成感を得られるところ。それは、政治です。国政選挙では有権者のおよそ三分の一が六十五歳以上というのが現状です。高齢者層が選挙結果の鍵を握っていて、自分たちの生活の質、たとえば、健康保険制度の充実、より確かな年金制度、住宅事情の改善などに大きな影響を与えるのです。最近では重度障害者を援助するためにさまざまな方策が施行されるようになりました。高齢者のためにも、まだまだいろんなことができると思うのです。

たとえば、通勤ラッシュ時以外の時間帯に公共交通機関を格安の料金で利用できるパスを配布するとか、無料で受講できる生涯教育の場を提供するとか。このような改革案について、新聞や雑誌に投書したり、議員に陳情書を送ったりという地道な方法で活動することができます。関心を示してくれる候補者を支持して活動することもできます。選挙期間中、電話や手紙など、自分の能力と知識に合った方法で活動すればよいのです。

高齢者による政治組織のパワーは今後もますます増大していくでしょう。あなたも参加してみたいと思いませんか。参加すれば、きっとふたつの意味で得をすることになるでしょう。ひとつは忙しくて退屈する暇がなくなること、もうひとつは、自分が関わって改革を実現する醍醐味を知ることです。

あなたが自分で有志を集めてグループを作ってもいいし、地元のグループに参加するのもいいでしょう。ただ一緒に楽しく過ごすための集まりでもいいし、高齢者が抱える問題についてお互いにアドバイスをしあうのもいいですね。さらには、たとえば全米退職者協会のような、全国規模の組織に参加したり運営したりすることだってできます。もっと広げて、世界中の高齢者のための社会の向上を目指す国際組織も、そう遠くない将来には実現するかもしれません。社会保障制度、経済対策、健康保険、住宅問題などを重要視し、多くの高齢者をとりまく状況を改善する法案を推進していこうとする、そんな候補者を積極的に支援することもできるでしょう。

老いに伴うあらゆる問題のなかで、若いうちからの準備がもっとも効果を発揮するのが、この「何か活動を続けて時間を持て余さないようにする」ことだと言えるでしょう。退職や引退を、やっと得られる休息だとかつらい労働からの解放として待ち望むのではなく、それが現実には何を意味するのか、自分なりにはっきりさせておきましょう。仕事を選ぶにあたっては、一気に失職してしまうのではなく、徐々に仕事を減らしていくことが許されるかどうかを考慮に入れて判断しましょう。

老いがもたらす変化を受け入れるには、本職として任務を背負うよりも、副業にするような趣味的な仕事を選ぶほうがやりやすいかもしれません。すでに仕事がある人は、歳をとっても実り多い活動を続けていくために、自分のやりやすいように変更できる部分がひょっとしたらまだあるのではないでしょうか。

［第六章］

快適に暮らす

わが家で過ごす時間を大切にする

老年期には、住む場所や生活習慣が変わることがよくあります。もっとこぢんまりした家に住み替えるとか、あるいは田舎暮らしを始める、気候の温暖な土地へ移住する、子供たちの近く（あるいは遠く）に引っ越す、大好きなものがある土地に住む、生活費がもっと安い地方に移る、などです。

引っ越しの決心をするのは、退職の決心をするのによく似ています。現在の慣れた生活に比べれば、引っ越したあとの生活がどうなるのかはわからないことだらけです。「新しい友人はできるかな」「いま楽しんでいる趣味もいくつかあきらめなくてはいけないのかも」……いろいろ不安でしょう。引っ越しの決心がつらい結果をまねく可能性だってあります。意を決して新しい土地へ引っ越してきた老夫婦。お互いに相手と一緒にいられるものと信じきっていたけれど、やがて連れ合いに先立たれ、生き残った夫は（あるいは妻のほうが可能性大ですが）、まったくのひとりぼっちになってしまうのです。

どこに住むにしても、歳をとると、若い頃よりも生活圏が居住地域に限定されてきます。

退職すると外出する理由もなくなるし、出歩くことがますます億劫《おっくう》になります。家で過ごす時間が楽しくなるように工夫をする必要がありそうです。

不用品退治の快感

どんな家に住むにしても、掃除しやすく整理整頓されていることが大切です。引っ越しは思い切った片づけができるチャンスです。同じ家に住み続けると決めたなら、計画的に片づけていきましょう。老齢期に関する著書もある心理学者G・スタンレー・ホールは、退職したときに屋根裏から地下室まで家じゅうをくまなくチェックし、要らないものはすべて処分したそうです。この作業を彼は「不用品退治」と名づけました。家じゅうをぴかぴかに手入れするのは、だんだん重荷になってきます。ソローが言った「人が家を所有するのではなく、人は家に所有されるのだ」という言葉の意味が身にしみてわかってくるのではないでしょうか。小さい家に引っ越すことができなくても、せめて今の家を整理整頓することはできるでしょう。

そろそろいろんなものを手放すときが来たのかもしれません。要らないものは友人に譲るか寄付してしまいましょう。この品はこの人に受け継いでもらいたいと決めているものがあるのなら、もう譲ってしまいましょう（収納スペースがたっぷりある人は、自分が贈られた品も見つかるかもしれません。もらったときには使わないからとしまいこんでいた誕生日プレゼント、五年も経ってまだ使わないのならもう捨ててもいいでしょう）。

ライフスタイルの変化を楽しむ

シェイクスピアはクレオパトラについてこう描写しています。「年齢も彼女のみずみずしさを奪うことはなく、日々逢瀬を重ねても彼女の無限なる変幻ぶりは味気なくなることはない」

クレオパトラは老いが忍び寄る前に早世してしまいましたが、あなたにはすでに忍び寄ってきているかもしれません。多少はみずみずしさも奪われてしまったでしょうか。でも味気なくなるのはかなり防ぐことができるはずなのです。日々の繰り返しは実にやっかいな敵です。生活を味気ないものにしてしまう元凶で、年齢に関係なく誰にでも起こります。うまくいった経験があるからと慣れたことばかりをやってしまいがちですが、その単調さが苦痛になるのです。

家は相当巧みな設計で趣向を凝らしていなければ、次第に飽きてくるものです。来る日も来る日も同じものを目にします。変化のない状態でいると、注意力が散漫になります。明けても暮れても同じ音楽ばかり聴いたりはしないのですから、壁の絵画だって長年ずっと同じでなくてもいいのではないでしょうか。当初はその絵を見るためにそこに掛けたのでしょうが、よほどのことがないかぎり見なくなって久しいということはありませんか。見て楽しんでいるわけでもないのに、いったいどうして壁に絵画をかけておくのでしょう?

絵画を見る楽しみを取り戻したいのなら、次の実験をやってみてください。名画を集めた本が安価で売られています。好きなのを一冊選んで、ページを切り離しましょう。そのうち一枚を、一日に何度も目をやる場所に飾ります。たとえば食卓に立てておくのもいいでしょう。飾る絵は、毎日あるいは毎週取り替えるようにします。一枚一枚の絵がどれも見る価値のあるものにだんだん思えてくるようだったら、もう少し大きなサイズの本を買って壁に掛け、頻繁に取り替えるとよいでしょう。音楽を変えるのはもっと簡単ですね。ラジオやオーディオ・プレーヤーがちゃんとやってくれます。

歳をとると新しい生活習慣を身につけるのが特に難しく感じるようになるものですが、それにはちゃんと理由があります。人は理解してもらえるかぎりずっと同じ言語を話し続けます。言語のちがう国に移住した場合には、自分の言語を理解してくれる人を見つけるか、現地の言語を新たに習得しなければなりません。同様に、同じような種類の衣服を着て、同じような地域に住み続け、同じような話題を話し、同じようなことをし続けるのです。

老齢になって、これまでのようにうまくできなくなったことがいろいろあるとわかったら、他の老人たちのように不自由なまま我慢するか、あるいは新しい方法を学ぶかのどちらかなのです。母国語を学んだときには他の言語に頼ることがなかったので体得しやすかったのと同じように、他のやり方を知らないまま最初に身につけた生活スタイルのほうがやりやすいものです。若い頃はやり方を新たに学ぶか何もしないかを選ぶわけですが、高齢者の場合、新しい方法を試してみて失敗したら、あっけなく古いやり方に戻ってしまうでしょう。

ちょっとしたイライラでも解消しておく

ちょっとしたイライラがなくなると、老後はもっと楽しいものになります。じわじわと進行していたために気づかないままやり過ごしていて、それがあまりに当たり前になってしまってとりたてて文句を言うこともなくなっている、そういうイライラを見逃さないでください。歳をとると感覚は鈍くなるものです。マットレスは徐々に変形していって、寝心地が悪くなってきます。文句を言わずにその寝心地の悪さを受け入れることで折り合いをつけるのもよいのでしょうが、ニーズに合わせて設計された新しいマットレスに替えれば違いは明らかです。お気に入りの椅子が以前のようには身体に合わなくなってしまったのなら、新しい椅子にすれば気持ちよく過ごせます。視力の衰えとともに、スポットライトのような明るい照明は苦痛になってくるでしょう。ロマンチックなキャンドルの光も、その雰囲気に魅《ひ》かれることはあまりなくなってきますし、暗いのであきらめましょう。ギラギラまぶしすぎない読書灯があると、読書も驚くほど楽しくなります。

瞬発力が必要な運動は高齢者には不向きです。ドアも引き出しも固くて動かしにくいのはダメ。重い荷物や書類カバンを持ち歩くと、関節に負担がかかります。どうしても必要なら、肩掛けができるストラップを使うようにしましょう。買い物に行くときには小さめのショッピングカートを使うのもよいでしょう。家の中では、しょっちゅう使うものはすぐ手の届く場所に置きましょう。ガレージがあるなら、扉には開閉装置を付けましょう。雪かきが必要な場合には、小さめのスコップを使って少しずつやっていくこと。あるいは除雪機を導入しましょう。

高齢になると部屋を暖かくしておく必要がありますが、若い人たちと同居している場合には相手に迷惑になるかもしれません。その場合の解決法としては、厚着をすることです。新開発の保温性に優れた下着は試してみる価値があります。夜は電気毛布を使いましょう。日中も、椅子に座っていて足元が冷えるのなら電気カーペットを使うとよいでしょう。なんだか商品のセールス・トークみたいなアドバイスでうんざりするかもしれませんが、どうも聞き流されてしまうことが多くて残念です。

服装のスタイルを変えるために温暖なフロリダやカリフォルニアに移住する必要はありません。いつも着用しているものよりもっと着心地が良くて実用的な衣服や、もっと履きやすくて丈夫な靴があるのなら、それに変えてみてはいかがでしょうか。

騒音や大気汚染の問題はますます深刻化しています。そんな状態にただ慣れてしまっている人も多く、たしかに慣れもひとつの解決法だといえるのかもしれません。あるいは、郊外や田舎に引っ越せばいいのでしょうが、それにはお金がかかります。

もっと安上がりな解決法をお教えしましょう。騒音対策には耳栓を使いましょう（軟らかいスポンジ状のものがドラッグストアなどで購入できます）。道路の騒音や隣家のラジオやテレビの音を防いでくれます。消臭スプレーは不快な臭いを、完全に消し去るまではいかなくても、気にならなくしてくれます。小型の空気清浄機でもあっという間に部屋の空気を清潔にして臭いも解消してくれます。

家の香りを決めてしまうような石鹸や洗剤やワックスはもう製造してほしくないと思っている人もいるかもしれません。でも昔、まだ衛生設備が不充分だったために悪臭が発生することが多かった頃には、強い香水や香料に頼っていたのです。これと同じ方法で臭いの問題を解決したとしても、たぶん文句は言われないでしょう。

家の中の危険から身を守る

怪我をするとせっかくの生活の楽しみも台無しです。歳をとると怪我をすることが多くなるので、怪我のせいで楽しみを奪われることも増えてきます。筋肉は弱くなり、そのうえ視力も衰えてくるので、転倒したりつまずいたりする危険性は一段と高くなります。交差点を渡るときでも、交通ルール違反の自転車があらぬ方向から突進してきても以前に比べて見えにくくなっているし、クラクションの音も聞こえにくくなっているのです。「止まって、よく見て、よく聞いて」の手順を守るのが一番です。生まれつき目や耳が不自由だったら、視力や聴力をうまく補うような方法を若いうちに身につけていたはずです。でも、今から習得しても遅すぎることはありません。

自分の生活空間の安全性を高めるのは、とても良いことだと思います。マットや敷物はすべて裏側にすべり止めコーティング加工がされたものを選ぶこと。足をひっかけそうなところには電気コードを這わせないこと。椅子は腰掛けるのも立ち上がるのもしやすいものにすること。ベッドから落ちることがよくあるのなら、手すりをつけること。階段がある場所にはすべて手すりをつけましょう。風呂では、バスタブ横の壁にも手すりがあると、文字どおり「救いの手」になってくれるでしょう。バスタブを出たり入ったりするときには、いつも必ず同じ動作で出入りするようにします。バレエダンサーが難しいステップを確認しながら練習するように、正確にやりましょう。何十年も続けてきたやり方でも充分に安全だったのでしょうが、そろそろ新しいやり方を身につけるべきなのです。

自分の家が安全だと感じていられると、生活はもっと楽しくなります。そのためにも、安全な家にしましょう。玄関ドアには頑丈なスライド錠がついていると安心です。窓の鍵は簡単に取り付けられます。緊急に救助が必要になりそうな人は、スライド錠はやめて、普通のドア錠の予備の鍵を信頼できる知人に預けておきましょう。すぐに助けを求めることができるように、やりやすい方法を考えておくことも必要です。

家が安全で安心感があると、夜はぐっすり眠れますし、健康にも良いのは言うまでもありません。眠ってしまうと物音がしても聞こえないのではないかと心配な人は、警報装置をつけましょう。警報音で侵入者を追い払ってくれるうえ、一発で目が覚めます。それほど高価なものではありませんし、ベッドから出る前に手を伸ばしてスイッチを切ることができる位置に取り付けるとよいでしょう。家の大きさに適したサイズの犬を飼うのもひとつの方法です。世話はかかりますが、それだけの効果はあります。

路上でひったくりに遭うのが心配ならば、よく言われているアドバイスに従いましょう。暗い道は避けて、明るいところを歩くこと。できればひとり歩きは避けて、誰かと一緒に歩くこと。戸口に近づかないこと。荷物はできるだけ少なく、貴重品は持ち歩かない。もしバッグをひったくられた場合には、放すまいとして肩や肘を脱臼するような危険を冒すよりは、手を放してしまうべきです。相手のほうが強いのだということを忘れないで。命を落としたくなかったら、あきらめるのです。どうすれば自分の身を守れるか、あなたの住む地域の特性に合った方法を地元の警察が教えてくれるでしょう。

退職しても規則正しい毎日を

退職と同時に、一日のスケジュールがくずれてしまうおそれがあります。ひとり暮らしの場合、自分の好きな時間に起きて、一日中パジャマで過ごし、お腹がすいたら食べればいいという気持ちになるでしょう。週末も平日もありません。誰かと同居していれば、相手と時間を合わせながら規律が生まれてくるかもしれませんが、ふたり一緒にだらしない生活に陥る可能性だってあります。

規則正しい生活を、とよく言われます。健康に良いのです。つねに世界中をあちこちと忙しく飛び回っているような人は、スケジュールに空白ができると決まって調子が悪くなるそうです。日課がきちんと決まっていると、いつ何をすればいいのか、いちいち決める必要はありませんし、楽しみにしていた予定を先延ばしにしてついには手遅れになるような事態も避けられるでしょう。若い頃の日課を守り続けているお年寄りもいますが、そうでない人は新しく計画を立て直しましょう。朝は必ずベッドをきちんと整えてから寝室を出るという人、エアロバイクで目標距離まで運動してからでないと朝食を食べないという人など、自分なりに決め事を作っている人たちがいます。こうしたやり方は、たいていは同じことの繰り返しなので、いちいち決心してからとりかかるという手間を省いてくれます。

好きなテレビ番組があるなら、その日のその時間の過ごし方が決まってきますから、その前後に家事や運動や休息の時間などを割り当てましょう。レックス・スタウトの探偵小説を読んだことがある人は、主人公ネロ・ウルフをお手本にしてみてはいかがでしょうか。彼は担当する事件がどんなに差し迫った状態であろうと、決まった時間になると蘭の花の世話をします。

一日のうち時間を決めて、瞑想や読書、手紙を書く、家事をする、さらには、自分の生活ぶりを振り返ってみることをおすすめします（運動し、きちんと食事をし、医者の指示に従い、さらにできれば本書のアドバイスにも従って、計画どおりに一日を過ごせたなら、自分をほめてやりましょう）。

食事と運動を記録する

適切な食事と運動は健康と長寿のもとであり、それが楽しい人生につながっていきます。

どんな食事をしてどれくらい運動するとよいか、医師はせいぜいアドバイスしかできませんし、残念なことに、「しなければならない」とわかっていても、それが「しよう」という気持ちにつながるとはかぎりません。

こういう場合には、記録をつけてみることをおすすめします。目標を決めて、その目標をどの程度達成できたかが一目でわかるように、カレンダーのその日の欄に記入していきます。楽しくウォーキングができるコースを見つけましょう。あるいは、外出する用事を作るようにするのもいいでしょう。その日の夕食の分だけしか買わないことに決めて、毎日買い物に出かけている女性もいます。そうやって、出かけたくない日でも出かけざるをえないような状況をわざと作っているのです。無理にでも外に出れば途中で素敵な出来事もあるし、家に帰るといつも出かけてよかったと思うのだそうです。

余暇を活かすための技術

快適で心地よい空間で暮らしていようと、あるいはまったく正反対の生活環境であろうと、生活を楽しむためには「何をするか」が特に重要なポイントになります。実際、人生の後半の四十年においては、幸福の度合いはひとえに余暇の過ごし方にかかっていると言えるでしょう。

年寄りには時間が余るほどありますが、することが見つからないことがよくあるのです。かといって、ただ時間をつぶすのもどうでしょうか。「時間をつぶせば永遠なる魂を傷つけることになる」とソローは言いましたが、その言葉が真実かどうかはともかく、楽しむための残り時間が短くなるのは確かです。時間を活用する方法を見つける必要があります。もちろん予算次第という部分も多いのですが、どんな大金持ちでもこの問題をうまく解決しているとは言えないと思えば、少しは安心できるでしょう。富裕な人々は暇な時間を使って、普通の人たちができないようなこともやっていますが、際立って幸福になっているわけではありません。限られたお金でも可能なことはたくさんあります。

若い頃、楽器を演奏していた人、詩や小説を書いていた人、絵を描いていた人、切手を集めていた人。もう一度やってみたらいかがですか。地域の公立図書館には書籍以外にもいろんなものが所蔵されていて、意外と多様な活用ができるようになっています。聴きたい音楽を探したいときにはラジオが役に立ちます。聴力が衰えてよく聞こえないのなら、音楽はやめて、読書をしたり視覚芸術を楽しめばいいでしょう。逆に、視力が衰えてよく見えないのなら、音楽を聴けばいいのです。

もう一度やってみるようなことが何もないという人は、今から何か始めましょう。社会人向けに優れた学術講座を行っている市町村はたくさんありますし、絵画や彫刻や手芸や編み物などを教えてくれるテレビ番組もあります。テレビでは他にも、グルメもうなるような料理の作り方や、食通になるための方法、栽培場所に適した植物の選び方、自分には無理だと思っていた園芸の才能を開花させる方法など（日当たりの悪い家なら特殊な人工光を使う方法もあるのです）、さまざまな講座番組が放送されています。そういったことを何もやったことがないという人は、これから探求できることがまだまだたくさんあるわけですから、かえってうらやましがられるはずです。

ペットを飼うのもいいですね。小鳥や金魚数匹なら、たいした世話もかかりませんし、留守にするときには隣人に預かってもらってもいいでしょう。もっと精緻な生物の世界をのぞいてみたいのなら、アリの巣作りを観察するのも面白いですよ。猫や犬はもう少し手間がかかりますが、心が通い合う喜びを味わえます。

これまでの日常生活にちょっと新しいものを取り入れてみてください。一、二週間だけいつもと違う新聞や雑誌を読んでみましょう。いつもなら手に取らないような本も読んでみてください。日頃見ないようなテレビ番組、聴いたことのないラジオ局にチャンネルを合わせてみましょう。いつも行かない場所に行って、会ったことのない人たちに会ってみましょう。きっと何か新しくやってみようと思うことが見つかります。それに、目新しくて新鮮であると感じることそのものが大切なのです。あなたにも情熱を持って取り組める何かが見つかるかもしれません。

お金を遣うか、遣わないか

ちょっとした興奮を味わいたくてギャンブルに傾倒する老人は少なくありません。ビンゴ・パーティ、毎週発売される宝くじやナンバーゲーム、時には競馬の馬券を買う――これぐらいなら楽しみのひとつと言えるでしょう。ある種のギャンブルは有閑階級のものとされていましたが、時間に余裕があるという点では、あなたもその仲間入りです。

ギャンブルは人生に楽しみをもたらします。しかしそれは、賭け金を収入の範囲内にとどめ、失っても差し支えのない程度にしておく場合に限ります。勝算があるかどうか、慎重に見きわめること。宝くじは的中率が低いです。集まったお金のうち、ばかばかしいほどわずかしか払い戻さない仕組みになっています。競馬のほうがまだ回収率は良いでしょう。ルーレットは少額ですが入場料が必要です。友人同士でカードゲームをしたりするのであれば、もちろん入場料など不要です。

人は勝つからギャンブルをするのではありません。ずっとやっていくうちに、結局はほとんど必ずと言っていいほど負けるものです（賭けた人に利益がちゃんと分配されるのなら、誰がわざわざビンゴやカジノやナンバーゲームや競馬や宝くじを商売にするものですか）。にもかかわらず、人々はギャンブルをし、興奮を味わう――それは結果が予測できないからなのです。同じように結果が予測できないものとして、若い頃には、ゲームやトランプや学校対抗のフットボールの試合に興奮したものです。

予測不可能な結果を楽しみたいのなら、もっと安心してできるものがあります。野球、サッカー、フットボール、バスケットボール、ゴルフなどといったスポーツはテレビで中継され、多くの観客を沸かせています。どういう決着になるか予測ができないという、単にその理由であれほどまで人々を惹《ひ》きつけるのです。

テレビでスポーツ観戦をしたことがない人は、見ている人の熱狂ぶりに戸惑《とまど》うことでしょう。ボールがラインを越えるとか、ゴールポストの間を通るとか、ネットに入るとか穴に入るとか、そんなことで一喜一憂してあれほど熱くなっている人に対して、軽蔑に近いような気持ちになるかもしれません。でも、そういう人たちをうらやましいとは思いませんか？自分も仲間になりたいと思ったりしませんか？

「おそらく好きになれないと思います」とか何とかいう答えが多いのですが、初めて観戦するあなたが画面で見ているものは、熱狂的ファンが見ているものとは違うのです。彼らは試合展開やひとつひとつの動きの重要性を知っています。ベテラン・アナウンサーの上手な実況を数時間聞いてみて、本当は何が起こっているのかがわかるようになれば、あなただってそうなるでしょう。スポーツ観戦の楽しみがわかるようになり、予測不可能な結果に熱狂している人たちと興奮を分かち合えるようになります。

テレビドラマに夢中になっている人のことも、少々冷たい目で見たりしていませんか。この場合もスポーツ観戦と同様に、ドラマを見たことがないという人は（予告編をちょっと見た程度では見たことがないのと同じです）、連続物をずっと見ている人が何を見ているのかわかっていないのです。さまざまなエピソードを見てきたからこそ、いま何が起こっているのかがわかるし、やがて訪れるクライマックスを心をときめかせながら待ち構えているのです。

古今の名作といわれる文芸作品やクラシック音楽に触れてみるのも新しい出会いになるで

しょう。

安っぽくて軽薄な文学と質の高い文学とのちがいは、読者を興奮させる出来事の盛り込み方の違いによるところが大きいと言えます。四コマ漫画ではかならず最後のコマで笑いを提供します。安っぽい小説ではほとんど毎ページでほどほどに面白い出来事が起こります。質の高い文学を楽しむことを覚えたら、さほど面白くない文章が長々と続いても、その先には深く心を揺すぶられるような展開が待っているのだからと、その数少ない感動的な場面を期待して読み進めていくことでしょう。

漫画や軽い小説を好きになるのに時間はかかりませんが、質の高い文学や音楽の楽しみを知るためにはじっくりと時間をかけましょう。高く評価されているものにはそれなりの理由があるのです。

第七章

人づきあいのしかた

あなたの人間関係は悪化していないか

「ずっと好人物で通してきた老人のもっとも危険な弱点は、もうそうではないということに気づかないことである」。フランスの貴族、ラ・ロシュフコーの箴言《しんげん》です。これは老いによる典型的な問題の一例です。私たち老人は、若くてもっと何でもうまくできた頃に身につけたやり方をそのまま今でもやっています。視力・聴力、器用で敏捷な身のこなし、明晰《めいせき》な思考回路といった能力が衰えてきているのと同じように、人間関係も悪化してきているおそれがあります。そうした変化は、ラ・ロシュフコーが指摘しているように、あまり自分では気づいていないことが多いために、よけいに危険性が高いのです。

ここでまず、そうした変化がそもそも私たち自身に生じたものなのか、それとも私たちをとりまく社会環境に生じたものなのかを確かめておく必要があります。かつてはとても話し上手だったのに、今ではなかなか話題を思いつかないという人もいるでしょう。あなたの話がもう面白くないのなら、相手の様子がどこか変化しているはずです。また、あなたの世界がだんだん狭くなってきて、話題が単調になってきているのかもしれません。そのうえ、記憶力が衰えて忘れっぽくなっています。朝、新聞を読んでいて、友人が興味を持ちそうな記事を見つけたとしても、会って話す機会が来たときには、その記事のことを忘れてしまっています。こういう場合、メモを見て記憶を呼び起こせるとはかぎりません。友人に会ったら言おうと思って書き留めておいても、そのメモがいつも都合よく手元にあるとはかぎらないでしょう。でもそうやってメモしておくと、友人に手紙を書くときなどには活用できると思います。

好かれる同乗者になる

生活スタイルが変わると、自分が人に好かれているかどうかが試される場面もありそうです。たとえば、歳をとって不便なことのひとつに、車の運転ができなくなるということがあります。なかには、行きたいところがあれば誰かが車で連れて行ってくれるという恵まれた人もいるでしょう。でも同乗者として嫌われないようにしなければ、そのうち乗せてくれなくなるかもしれません。

運転中に後部座席から指図されるのはうっとうしいと誰もが思うものですが、うっとうしがられても口出しをやめない人が多いのです。あっちの車線のほうが速いとか、赤信号が二秒前に青になったとか、別のルートのほうが近道だとか、単純に役に立ちたいという気持ちからなのかもしれませんが、運転するほうにとってはたいてい「ありがた迷惑」です。不本意かもしれませんが、乗せてもらっていることに感謝して、余計な口出しはせず、口にチャックをしておくこと。何キロか距離を決めて、そのキロ毎に自分が何回口出しをしたか数えてみるといいでしょう。次第に回数が減っていったら自分をほめてやりましょう。もっとリラックスして乗っていられるように、自分はバスに乗っているのだと想像して、おまかせ気分でいればよいのです。

乗せてもらうあなたにとって、運転に口出しをすることよりもさらに良くないのは、一緒に運転しているつもりになること。後部座席から運転に口出しするのはドライバーにとって迷惑なことですが、運転しているつもりになるのはあなた自身に良くないのです。交差点でこちらに近づいてくる車を見て、両足をぐっと床に押しつけたり、先の青信号が赤に変わりそうだとわかると、空想のアクセルを踏んだり、もっとスピードを出せと念じたり。イライラや緊張といった心理的な影響が生じているのがわかるでしょう。まさにストレスそのものであり、とても危険です。老いによる問題の典型例だといえるでしょう。あなたが車を運転していた頃は、当然ながら、道路の先にじっと目を凝らしていました。でも、昔は絶対に必要だったことが、もう必要ではなくなっているのです。今では、やはり当然の理由から、道路から目を離しておくべきなのです。

そうすることで、運転に口出しする問題も、運転しているつもりになる問題も、どちらも一度に解決できます。「前方不注意」でいきましょう。周囲の景色に目をやりましょう。田舎では、季節の移り変わりを感じたり、森や野原や空の雲のようすを見てみましょう。市街地では、新しい建物を観察したり、行き交う人の服装を見て、どんな仕事をしている人かを想像したり。住み慣れた場所でも目新しいものをたくさん発見できるのだということに気づくでしょう。窓の外を流れる景色に飽きてきたら、目を伏せて、他のことを考えてみましょう。前方不注意でいるのに慣れるには時間がかかるかもしれませんが、慣れればこんなに楽なことはないし、目に入る景色を存分に楽しめるし、目的地に着いたときにはこれまでよりもずっと良い気分でいられます(あなただけでなく同乗者もです!)。

運転に口出しするという問題は、老人に対してよくある不満のうちのごく一例にすぎません。歳をとると次第に「何かをする」という役割から退くことになりますが、ああしろこうしろと人に言ってやりたくてうずうずしている自分に気づくでしょう。余計な口出しが役に立つことはまずないし、ありがた迷惑な人がありがたい同乗者になるなんてことはけっしてないのです。

恥ずかしい思いをしないために

聴力や視力が衰えていると、社交的礼儀がおろそかになってしまいます。人混みを歩いていて、知り合いに気づかず、挨拶をしそびれることもあります。すれちがう人の顔はあまり見ないようにしておきましょう。見えているのにわざと無視するよりもマシですから。ひょっとすると知り合いかもしれないとみんなに挨拶していると、選挙運動中の政治家に間違えられるおそれがあります。

友人に会ったら、相手が握手をしようと手を伸ばしていないか確かめるようにしましょう。薄暗い場所で何人かと話すときには、誰がしゃべっているのか見分けられないかもしれないし、ふと気を抜いた瞬間に自分に話しかけられても気づかないかもしれません。そうした社交上の失敗をしないように、会話にしっかりとついていくように努めましょう。

他の人たちと一緒になってやることがもう楽しいと思えなくなったのなら、その活動をやめる方向へ進めてみてはいかがでしょうか。友人たちに誘われて、照明が暗くてにぎやかな雰囲気のレストランに一緒に行くことになったとしましょう。以前はそうやってみんなで食事に出かけるのが好きでした。でも今は、メニューを読むのにも苦労しますし、テーブルの向こうから話しかけられても相手が何を言っているのか聞き取れません。自分のお皿が下げられてみると、テーブルクロスにはあちこちに食べこぼしのシミが……。初めての集まりでこんなありさまなら、もう二度と行かないでしょう。

解決法はただひとつ。かつて好きだった楽しみにこだわらないようにすることです。招待されたら、それを受けた場合どんなことが起きる可能性があるか、よく考えてみてください。現在の自分でも楽しめそうなことだけにしておきましょう。たとえ相手に悪意はなくても、自分がまだ楽しいからといってあなたが楽しくないことをわかっていない人には、断固とした態度をとる必要があると思います。

親交を続ける

友人が少なくなった、あるいはなかなか会えなくなったなどという理由で、友だちづきあいがだんだんなくなってきたという人は、昔の友人に連絡をしてみてはいかがですか。もう何年も音信不通だという友人はいませんか。あなたから手紙を出せばきっと喜んでくれるでしょう。手紙を書くのがあまり苦にならないという人は、昔のように手紙を書くのも良いし、近距離であまり通話料が高くないとか、長距離通話の電話代くらい平気だという人は、電話をかけるのもいいでしょう。話が長くなりそうだったら、録音したものを郵送する「ボイスレター」も良いと思います。

お互いに気が合うかどうか確かめて相手を選んだわけではなく、ただ何かのグループとして一緒になっただけでは、うまくつきあっていくのは難しいかもしれません。退職にともなって、夫婦のあいだにさえ、この手の問題が浮上してきます。一緒に過ごす時間が増えるからです。妻は、自分の領域を荒らされると感じる人が多いそうです。それでも、ひとりぼっちで暮らすよりは、誰かと一緒に気持ちよく暮らすほうがずっといいでしょうから、それを可能にすることなら何でもやってみましょう。

今ひとり暮らしをしている人は、思い切って誰かと一緒に暮らしてみませんか。ちょっと勇気が必要ですが、やってみる価値はあります。基本的なルールをきちんと決めていれば大丈夫です。社会の常識はすでに変わっているのです。年老いた男女が正式に結婚しないまま一緒に住んだって、昨今では別におかしなことではありません。社会保障制度の恩恵が受けられなくなるからというのは、結婚に踏み切らない理由としてはほんの些細なことです。「友人求む」の新聞広告も今では珍しくありません。たとえばこんな広告も――「妻を亡くして現在独身、六十代後半、禅とモーツァルトとグローバル社会に興味あり。趣味の合う活発な人、連絡ください。同居を前提とした交際希望」

若い人たちとつきあう

ジョナサン・スウィフトは「歳をとったら、相手が望まないかぎり、若い人たちとはつきあわない」と決めたそうです。良いアドバイスだと思います。

ここであらためて、私たちが抱える根本的な問題を確認しておきますが、それは、若かった頃に身につけたやり方をそのまま続けてやっている、という点なのです。当時は周囲もみんな若かった。いま私たちが話題にするのは、最近の話ではなくなっています。冗談も古臭いものばかり。流行遅れの流行語。若者たちと相当な時間一緒に過ごすのでなければ、彼らにうまくついていくことはできません。年齢を自覚して、歳相応のふるまいをするほうがいいのです。そのほうが、若者とも年寄り同士でも、気まずくなるようなことが少なくてすむでしょう。

スウィフトはこうも決心しました。「若者に厳しくしすぎるのはやめて、若さゆえの愚行や欠点は大目に見てやろう」

おかしなことに、いつの時代にも、次の世代の若者たちを「なってない」とけなすものなのです。これは明らかに間違いです。世界は何世代にもわたってずっと継続できているのですから。けなしたところで若者たちが大きく変わることはおそらくないでしょうし、それで若者たちと仲良くなれることなんてないのは確かです。

若い人たちとつきあう場合、相手にある程度の制約を強いることになります。一緒にテニスやゴルフをするとか、あるいは単なる散歩であっても、相手の足を引っぱることになるのは明らかです。相手も自分も心から楽しむことはできないでしょう。他のことではそれほど明らかな制約にはならないかもしれませんが、それでも、こんなふうに覚悟を決めておいたほうがいいのではないでしょうか。


……もう逝《い》かせてくれ……

油がなくなって炎が消えてから、若造どもに
燃えかすのように扱われたくはないのだ。

シェイクスピア『終わりよければすべてよし』より

長らく会っていなかった友人に会うと、毎日会っている人よりも、ずいぶん変わったと思えるものです。自分自身の顔は毎日見ているわけですから、ありがたいことに、自分がどれだけ変わったのか、あまり気づいていないことが多いのです。頭髪や皮膚のシミなど、ちょっとした容貌の衰えは徐々に現れるので、自分ではなかなか気づきません。でも、他人は気づいています。特に若い人たちは敏感です。少しでも見苦しくないようにする努力をしていれば、仲間として受け入れてもらえる可能性は高くなります。

老いの徴候は、他人に堂々と見せびらかすものではありません。そのためには、自分の写真を撮ってみるといいでしょう。でも、シワをごまかしてくれる照明などは使わないこと。毎日鏡で見ている顔と比べてみると、写真のあなたの顔はなんだか長らく会っていなかった友人のように見えませんか。

子供や孫とつきあう

幼い子供との接し方について、特に自分の孫とのつきあいとなると、なかなか難しい問題をはらんでいることが多いものです。あなたの家族はどうですか。同居あるいは近くに住んでいるとか、あなたの家に居候しているとか。経済事情が良くなって大家族制は崩壊してきましたが、かつては祖父母や叔父や叔母など親戚が一緒に住んでいたものです。もし最近の傾向に反して子供と同居しているのであれば、きっと問題が持ち上がってくるでしょう。配偶者や両親、息子や娘、兄弟姉妹に対して話をするときの口調や言葉づかいは、顔見知り程度の知人に対するときとはまったくちがいます。もし孫と同居しているのなら、相手を友人だと考えて接するようにしてみてください。

スウィフトは、老人が子供の機嫌をとろうとしているのをきっと見かけたのでしょう。年老いてから、「私は子供が好きにはなれないので、あまり近寄らせないようにしている」と語っています。最近の子供たちは自分の気持ちを率直に表現しますから、あなたの行動に対して孫やその両親たちがどう思っているのかが、すぐにわかります。子供たちがあなたと一緒にいるのが楽しいのなら、あなたにとって子供たちは喜びとなります。それに、お金や仕事を求めて外でパートタイムで働くのと同じように、孫の世話はお年寄りにとって活躍の場のひとつとなるでしょう。

長らく子供と接していないという人は、ただ「いつもどおりにしている」だけで子供に好きになってもらえるなどと期待してはダメです。子供は鼻も目も耳も鋭敏ですから、日頃接している人たちと全然違うと感じ取るでしょう。あなたを好きになるまでには時間がかかりますし、好きになってもらえるようにあなたの努力も必要です。テレビ番組のなかにはお手本になりそうな内容のものがあり、子供と一緒にできることがいろいろ紹介されています。あやとり、折り紙、手品などのレパートリーがいくつかあるなら、ちょっとずつ小出しにして見せましょう。子供たちの賞賛を受けて鼻高々でいられます。ジョーク、なぞなぞ、詩歌などは、子供らしい会話にピリッとスパイスを効かせてくれます。ヒントから正解を当てる連想ゲームや簡単なトランプゲームもおすすめです。幼い子供には心温まる物語を何度でも話してやりましょう。できれば、教育的な部分まで踏み込んで、わかりやすい詩や歌を教えてやってもいいでしょう。

とにかく、あなたが持っているネタを切らさないようにすることです。子供が自分たちで遊んでいるときには、放っておけばよいのです（世の中は変わってきています。最近の子供たちの実態を知ってもビックリしないように、心の準備をしておいてください）。

第八章

心を穏やかに保つ

心の状況を知るために

社会とうまく接していく、物忘れや思考の混乱をなるべく減らす、好きなことをして働いたり余暇を過ごしたりする、快適に生活できる環境にする、人づきあいをもっと楽しむ――これはすべてあなたの「行動」に関することです。ではあなたの「感情」に関してはどうでしょうか。老人には強い感情がないと言われてきましたが、憤慨・嫉妬・恐怖・憂鬱など、どちらかというと無縁でありたい感情傾向を失っているわけではありません。では、楽しいという感情についてはどうでしょう。それが高齢者の手の届かないものになっているのは、何か理由があるのでしょうか。

かかりつけのお医者さんに「どうも気分がすぐれない」と訴えたところ、ただ「気分良くしていなさい」と言われておしまいだったら、唖然とすることでしょう。でも他の感情についてはそうやって扱っている人が多いのです。「落ち込んでいるんだ」と友人にこぼすと、きっと「元気を出して」と言われます。空港へ向かう途中で悪天候への不安を口にすれば、「心配はいらない」と言われるでしょう。「元気を出せ」とか「心配するな」と言ってくれて自分のことを気にかけてくれる人がいるのだからと思うと、元気になったり不安が減ったりするかもしれません。でも、言われたその言葉どおりに従えばいいというものでもないでしょう。そうした言葉は願望なのです。実現させるために何かをしなければ、ただの願望で終わってしまいます。

ただ「気分良くしていなさい」という言うかわりに、医者は、もっと運動しなさいとか、コレステロールを増やす食品は控えなさいとか、処方箋に従って薬を服用しなさいとか、具体的な指示をしてくれます。これは、気分をどうこうしなさいというのではなく、どういう行動をしなさいという指示なのですが、そのとおりに行動すると、たいてい気分が良くなります。それはあなたが「どんな気分がするか」というより、むしろ「何を感じるか」ということなのです。医者はあなたが自分の身体を気持ちよく感じる状態にするための方法を教えてくれたのです。

他のタイプの感情についても同じようなことがあてはまります。本書で最初に「老いを楽しみなさい」と言ったときに、「楽しめるものならそうするよ」と言い返したい気持ちになった人もいるでしょう。本書だって、ただ単にどんな気分でいなさいと言うだけでは不充分です。お医者さんのように、気持ちの状態を変えるための具体的な方法を提言する必要があると思います。

治療として気分が良くなるような薬を処方するとき、医者は患者の精神面に直接働きかけているると言えるでしょう。たとえ悲惨な生活のままでも自分の人生を嘆く気持ちを楽にしてくれるような薬が、アメリカでは毎年何十億錠も服用されています。同じ理由から、医者に相談せずに、アルコールやドラッグに救いを求める人もいます。

どうするかはもちろん個人の自由ですが、気分を変えるよりも、何を感じているかを変えるほうが良いやり方だと思います。アスピリンは頭痛を楽にしてくれますが、その原因となっている体調までは治せません。それと同じで、気分を楽にしてくれる薬にできることは、気分がすぐれない原因となっている自分の状態を攻撃しないように抑制するだけです。自分が何をどう感じるかを改善することによって、気分を良くすることができます。

わかりやすい例が、うつ病です。六十五歳以上の人たちに見られる精神的不調のうちもっとも多い症状です。身体的疾患に起因するうつ症状であれば、その疾患をまず治療するべきですが、これまで述べてきたように、ずっと楽しんでやってきたいろんなことがもうできなくなったというただそれだけの理由でも、憂鬱な気分になるものです。おしゃべりが好きだったのに、話し相手がいなくなってしまった人。自然が好きで田舎暮らしを楽しんでいたのに、今では都会の狭い部屋にとじこもって生活している人。精神安定剤を服用しながら都会でひとり暮らしを続けるよりも、話し相手を見つけるとか、田舎で暮らせるような方法を見つけるほうがずっといいと思います。

ここまでの章では、あなたが何かをしたり、しそこなったりすると、それに伴って感情が生じるというような述べ方をしたかもしれません——でも別の言い方をすれば、行動を変えることによって感情が変わることもよくあるのです。日々の生活のなかで不自由な思いをしていると（第二章）、うろたえたり途方に暮れたり、戸惑いを感じているでしょう。それなら、社会とふれあう新しい方法を見つけるとか、トラブルを減らすような環境を整えることによって、気持ちはずっと楽になります。

物忘れをしてしまうとか、頭が混乱して考えがまとまらないといった場合には（第三章および第四章）、恥ずかしい悪い思いをしたり、自分がバカに思えたりするかもしれません。そんなときに「バカじゃないの」などと言い放つような人に助けを期待しても無理です。もっと賢くふるまえるような環境を見つけるか、作り出すかしなければなりません。

何もすることがなくて時間を持て余していると（第五章および第六章）、無気力で憂鬱な気分になりますが、かといって陽気で活動的になろうなんて単純に思えるものではありません。興味を持って取り組めることを見つける必要があります。友人がなかなかできないと（第七章）、自分は必要とされていないという孤独な気分になりますが、ただ愛想良くしたところで解決にはなりません。明らかな解決法は、もっと人から好かれる人物になるか、ありのままのあなたを好きになってくれる友人を見つけることです。

ここに挙げた例はすべて、自分が何をどう感じるかを変えることによって、心の状態を変えられるのだということを示しています。ただしそれは、感情が生まれる状況そのものを変えることでしか実現しません。

さまざまな例を挙げてみましたが、まだ他にも、そうした状況とはあまり関連がないような感情に悩まされている高齢者も少なくありません。いくつか見ておきましょう。

怒りと格闘するのはやめよう

まず、失敗が原因で沸き上がる怒りの感情があります。針の穴になかなか糸が通らないとか、いくらしっかり締めたつもりでも蛇口からポタポタとしずくが落ちるとか。それらはみな、無駄な怒りです。怒ったところで針に糸が通るわけでもないし、水漏れが止まるわけでもありません。穴が大きめの針や糸通し器を見つけるとか、蛇口の部品を交換して修理するとかしたほうがずっと効果的です。言われなくても百も承知なのですが、まるで違う方向へ気持ちが向かってしまうのです。

自分の怒りと格闘するのはやめましょう。怒りの原因を抑え込むことで、怒りを抑えるようにしましょう。家主に対して頭にきているのなら、家主を好きになろうなんて思わず、さっさと契約をやめて引っ越せばいいのです（精神安定剤も多少は役に立つでしょうが、ちゃんと問題解決ができないまま先延ばしにするだけです）。以前よりも怒りっぽくなったと自分で思うのなら、問題を解決するのがだんだん難しくなってきたせいかもしれません。その元凶は、根源にあるものが何なのかを確かめると、もっと解決しやすくなるでしょう。問題の老人の怒りっぽさではなく、老人が暮らす社会なのです。

老人はときどき若い人たちに対して嫉妬を感じたり、腹立たしく思ったりすることがあります。それは、かつて自分たちは禁じられてできなかったことを今の若者たちが楽しそうにやっているからです。今では若者に許されているその特権を享受するには、もう手遅れになってしまいました。それなら、年寄りならではの特権を見つけて楽しむ方法を探しましょう。ひょっとしたら、その特権を見て若者が老人をうらやむようなことになるかもしれません。

恋愛感情のあつかい方

小説や映画のなかで露骨な性行為が描写される場合、そこに登場しているのはほぼ例外なく若い人たちです。中年をとっくに過ぎた老いた男女が繰り広げる情熱的なラブシーンなんて、見てられないしとんでもないと言われてしまいそうです。読者や観客は、そんな歳になって興奮するなんてどう考えても信じられなくて、興ざめしてしまうでしょう。老後は人生の黄昏《たそがれ》であり、恋愛で黄金色に輝くとは思われていないのです。

歳をとると性行為が比較的まれになるのは生物学的に当然のことでしょう。生殖能力がなくなった女性が性的に積極的になるのは遺伝子的選択結果として当てはまらないし、男性は生殖活動の担い手としては常に供給過剰なのです。

それでもやはり、性愛に対する世間の一般的な思い込みをそのまま認めるわけにはいきません。ハムレットが自分の母と叔父との結婚についで述べたくだりにもそんな思い込みが表れています。

まさか愛だなどとはおっしゃいますまい、
そのお歳になれば、血の沸くような熱い思いも盛りを過ぎて、
ただ分別《ふんべつ》に従って慎ましくあるべき。

性の問題は、老人だからといって、必ずしも慎ましく分別に従わなければならないものではありません。

老人の場合、何らかの手助けは必要かもしれません。神学者ポール・ティリヒは、「性衝動の範囲を老年にまで広げたという点において、ポルノグラフィーは正当に評価されるべきである」と主張しました。結局のところ、人生にあまりワクワクするような刺激がなくなると、人は刺激的な小説を読み、刺激的な映画や演劇を観るのです。あまり面白いことがなくなると、面白くて笑える小説を読んだりコメディの映画や演劇を観たりします。私たちの人生がエロティックでなくなったとき、エロティックな本を読み、エロティックや映画や演劇を観る、そのどこがいけないのでしょうか。

人は小説や映画に登場する人物に自分を同化させるだけでなく、その人物が感応するものに対して自分なりに感応します。人が興奮するから自分も興奮し、人が興奮している対象に

対して自分も興奮します。笑っている人がいるから、自分も一緒になって笑う。そうした笑いの共有と同じく、性的興奮も人と共有することができますし、人が性的興奮をおぼえるものによって同じように興奮するのです。もちろん、すべての人が同じように興奮したり、面白がったり、刺激を受けたりするわけではありません。もし性に興味を失ってしまったら、激情に駆り立てられることもなくなって、トラブルに巻き込まれることも少なくなるわけですから、それはそれで好都合だと考えればいいでしょう。

恋愛関係を維持することにおいては、どうやら若者よりも年輩者のほうが優れていると言えそうです。若い夫婦が離婚をしても、注目する人はほとんどいません。でも老夫婦の離婚となるとニュースになります。結婚何年目に別れたのかと話題にされるでしょう。

歳の離れた二人の恋愛関係が白い目で見られるのは、気の毒なことです。お互いに愛し合っている関係ならば、歳が離れていたってどこが悪いというのでしょう。親子の互いへの愛情は非常にすばらしいものだと誰もが考えます——ただし、それが性的な愛情でなければです。確かに、歳の離れた男女の親密な関係は、愛情とは別の理由、つまりたいてい経済的な理由によることが多いのは否めません。でも、だからといって、歳の離れたカップルにはやましいところがあるものだと連想して決めつけることは許されません。

不安の源を確かめる

歳をとると、恐ろしいと思うものがたくさんあります。わかりやすい例としては、病気があります。誰かが言っていましたが、逮捕される可能性があるときには、ドアがノックされるたびにビクビクするものです。病気はドアがノックされるのと同じ。ほんのちょっとした症状でも恐ろしいのです。よく知っているはずの名前が思い出せないのは認知症の徴候ではないかと思えてくるのです（実際は、六十五歳以上のうち老人性認知症になるのはわずか二～六パーセントにすぎません）。自分が本当に病気なのかどうかをはっきりさせることを不安に思っているのなら、不安は特に危険なものとなります。医師の診断を仰ぐ、そして必要であればその診断に対して何らかの手を打つ、そうしないと不安は解消されません。

これとほぼ同じことが、経済的な不安についても言えます。今の生活のままでこの先もお金に困ることなくやっていけるのか、あるいはもっと切り詰めて生活するべきなのかを検討して確かめることは、将来への不安を抱えながら今のままの生活を続けるよりもずっといいと思います。

猜疑心には自分のペースで向き合う

耳が遠くなると、まわりがみんな自分のことを噂しているのではないかと思えてしまうものです。目がよく見えなくなると、自分の失敗を誰かに笑われているんじゃないかと思えてきます。日々の生活は、まごついておろおろすることばかり。店のウェイターに見せられた勘定書は、実際より多すぎるような気がするけれど、明細がよく見えないし、細かく確認したりしたら人目を引いてしまいそうだし。間違えて大きな金額の紙幣を渡したらお釣りをごまかされそうな気がするし。猜疑心を軽減してくれる薬はまだ市販されていません。市販されていたとしても、疑って服用しないかもしれませんね。猜疑心があると、誰に対しても危険なほど傷つきやすくなってしまいます。

自分の生活をきちんと把握することによって、すっきりと解決することができます。人のペースに巻き込まれず、常に自分のペースで行動しましょう。早口でまくし立てる人は疑ってかかるのが正解です。自分の記憶を信じてはいけません。人にだまされるような場面を減らせば、猜疑心に悩まされることも少なくなります（そして、もっと自分の生活を楽しめるようになれば、人に陰口を言われることもなくなります）。

感情を抑えるよりも環境を変える

身体機能のコントロールを失うのは屈辱的なことですから、あらゆる予防策を講じておきましょう。他にも、もう今ではできないような運動やトレーニングを若い頃にやっていて、その名残でどこかに機能障害が残っている人もいるかもしれません。昔はよく、「ぐずぐずするな」と怒られましたね。でも今では動作がだんだん遅くなって相手を待たせてしまいます。相手に失礼のないように感じよく接しなさいと教えられましたが、今では誰かに話しかけられても聞こえなかったり、握手をしようと相手が伸ばした手が見えなかったりするのです。

自分の役目を果たしなさいと教えられましたが、今では他の人たちと同じようにはできません。でももう昔のようにお仕置きされることはありませんし、こういうことであれこれ悩まなくてもよいのです。必要であれば、自分の衰えや欠点を堂々と見せればいいのです。ただし、まわりの人たちに大目に見てもらわなければならないほど自分が衰えていることは認めて受け入れてください。

簡単には答えにくい質問もあります。「バスで席を譲られるとか、荷物を運ぶのを手伝いましょうとか、道路を横断するとき手を引いてくれるとか、いったい何歳になったらそういう申し出を素直に受けてもいいでしょうか？」「十歳の子供に諭すような口調であれこれと指示したり教えてくれたりして、人を上から見下ろすような恩着せがましい親切さにはどう対処すればいいのですか？」

これと似たような状況として、友人からのお世辞の励ましの言葉が、決して悪意はないのだろうけれど、わざとらしく聞こえて、「とってもお上手にできましたね！」などと、まるで幼稚園の先生に言われたような気がするのです（そのあとに続く言葉は当然、「まあほんとに大きくなったわね」ではなくて、「まあほんとにお変わりないですね」です）。

対処法としてできることはあまりありません。屈辱的な場面では、こちらがほんの少しへりくだって謙虚でいることがよいのかもしれません。

こうした例を見てみると、人の感情は、その人の行動とそのときのまわりの状況から生まれる副産物であることがわかります。意思の力でなんとかして気持ちを変えようとするよりも、その感情が生み出される状況を変えることによって気持ちを変えるほうがうまくいくでしょう。

第九章

死を恐れる気持ち

怖いのは死そのものではない

老年期がたとえ不幸でも「生きているだけましだ」とあきらめて、自分の中で折り合いをつけている人もいます。シェイクスピアの『尺には尺を』のなかにはこんな台詞があります。

老衰や苦痛や貧困や投獄がこの身にふりかかって
つらくてたまらないうんざりするようなこの世の暮らし、
それでもまるで楽園《パラダイス》なのだ、
この死の恐怖にくらべれば。

しかしながら、死の恐怖によって人生をより楽しめるようになるという考え方には賛成できません。死にまつわる問題の大部分を占めるのは、それが予測不可能であることです。自分の死は経験から学ぶことができるようなたぐいのものではありません。他の誰かが死ぬのを見たことがある人もいるでしょうが、自分の死となると話は別です。誰かが死について語っているのを聞いたり読んだりしたこともあるかもしれませんが、人からの情報のほうが確かだというわけでもありません。

そうした不確実さを解消しようとさまざまな方法を試みてきたのが、宗教です。たとえば、仏教では、「死は大いなる悟りの境地に至る時である」としています。ユダヤ教では、「死は単なる終焉《しゅうえん》であり、その後その人が生き残るとしたら、人々の記憶のなかで称えられるだけだ」としています。さらにキリスト教では、「死は審判の時であり、来世で課せられる賞罰が決まる」と考えられています。

それぞれの死生観の違いによって、死への恐怖や不安も異なってきます。一説では、日本のサムライを偉大な勇士にしたのは禅だと言われています。禅の考え方によって死に対する恐怖心から完全に解放されていたからだそうです。キリスト教徒も、来世での自分の存在を信じているのなら、やはり死の恐怖から解放されていると言えるかもしれません。しかし、来世の存在を信じられず、教義の信憑性《しんぴょうせい》を疑っているのなら、恐怖は消えないでしょう。

あなたが信じている宗教や哲学がすでに答えを与えてくれているのなら、本書の意見は無視していただいて結構です。それでも、死の恐怖によって人生の楽しみが大きく損なわれてしまうおそれがあるという点に関しては、少し耳を傾けていただきたいと思います。

生物学上では、死は単純明快です。人間の身体は、大部分が自己再生を繰り返しながら、長期間存続します。しかし、種の進化においては比較的短い一部分しか担っていません。種という生物学的視点で考えると、個体に求められる生存期間は、生殖期とその後の子育てに必要な期間を合わせてせいぜい数年間だけです。その後は生物学的には無用なのです——でも、その無用な個体が空間を占有し、繁殖中の個体に必要な物資まで消費しているとなると、無用どころでは済みません。

人類が進化して、財産を共有したり情報を伝達したりするようになったとき、新たに別の役割が生じてきました。繁殖能力がなくなった個体は、まだ繁殖能力のある個体をサポートしたり、助言したり、教えたり、その他さまざまな方法で援助することができるようになったのです。種の進化よりも、文化の発展において、個人の役割がますます重要になっていきました。しかし、文化の発展による利点が感じられるようになってからの期間はまだ短く、寿命が延びる遺伝子的変化を起こすほどには至っていません。

身体が消耗すれば、老年期がたとえ楽しく充実していても終わりが来ます。そうなる前に、やっておくべきことがいくつかあります。正式な遺言証書を作成しておけば、自分の財産がしかるべき人にちゃんと相続されることがわかって、安心感が得られるでしょう。自分の死後、正常な臓器があれば提供して誰かに移植してもらえるように手続きをしておけば、あなたの一部分だけでも生き長らえることができます。

そういうことをやり終えたら、もう死のことは考えないようにするのがいいのではないでしょうか。フランクリン・ルーズベルトの言葉どおり（一語一句正確ではないですが）、「死についてわれわれが恐れなければならないのは、死を恐れるあまりに人生を楽しめなくなるというその一点だけ」なのです。

もし死後に生前の行いによって賞罰の審判が下るのであれば、そしてどんな審判が下るか確信が持てないのなら、「人はいずれ死ぬのだということを忘れるな」（汝の死を覚えよ《メメント・モリ》）という警告はさほど的外れではないでしょう。たとえそう警告されてこの世の人生の楽しみが多少減ったとしても、です。あるいは逆に、旧約聖書にある「太陽の下、人間にとって、飲み食いし、楽しむ以上の幸福はない」というコヘレトの言葉を信じるのなら、死の問題は必要なときにだけ考えることにして放っておこうという人もいるかもしれません。

……死は、必然の終結であり、
来る時にはかならず来るものなのだ。

シェイクスピア『ジュリアス・シーザー』より

ここでいいことをお教えしましょう。恐怖を抱かせているのは死そのものではなく、死について語ったり考えたりする行為なのです。そうした行為はやめることができます。会話に飽きてきたら話題を変える。鼻歌で歌っている曲がイヤになったら別の曲に変える。新しい話題が元の話題よりもおもしろければ、あるいは新しい曲のほうが楽しければ、変えることは簡単です。同じような方法で、死を気にしないように自分の意識をそらすことは可能なのです。

現在しっかりと自立した生活を楽しんでいるお年寄りでも、老人同士のつきあいだけになっている場合には、その状況のせいで残念な影響が出ていることがあります。子供や孫たちと同居あるいは近くに住んでいた頃には、若い人たちが若々しい生活をしているのを常々目にしていました。それが、温暖な土地に移住したり、高齢者施設に入ったりすると、日頃顔を合わせる相手はほとんど老人で、話題は健康と病気と死のことばかりになってしまいます。若い人たちと一緒に過ごすためにできることなら、何でもやってみてください。老人を相手に死の話題に明け暮れるのはやめようと強く心に決めましょう。

死についてあれこれ考えてしまうのは、何もすることがなくて時間を持て余しているときが一番多いのです。テレビ番組をワクワクしながら観ているときや、心から興味を持って何かに取り組んでいるときには、あまり考えないものです。老後をもっと楽しむためという目的でやっていることすべてが、死を恐れて過ごす時間を減らしてくれているのです。目の前の生活で注意を向けなければならないことがたくさんあるほど、死を意識することは少なくてすみます（本章をほんの短めにしたのも他のことに目を向けていただくためです）。

真剣に死を望む人々の存在

人生を楽しむなんてどうしても不可能だという確信に至った人は、本書ではもう手に負えません。現代文明ではいまだ答えの出ていない問題に直面していると言えます。誰だって、人の重荷になりたくない、苦痛にさいなまれながら生き続けたくないと思うものです。でも、もし身の回りのことが自分でできなくなったり、健康で楽しく生きることができなくなったりしたら、本書でお役に立てることはほとんどありません。ホイットマンの詩には「死という解放に近づく悦《よろこ》び」という表現がありますが、その詩を読むだけなら人の道に外れるものではありません。真剣に死を望む人もたくさんいます——自分自身のために、あるいは誰かのために、死にたいと望む人たち――でも社会はそう簡単には死なせてくれません。ヘロインなどの薬物は使用を禁じられています。末期患者にとって苦痛を取り去るばかりか、気分を良くしてくれる唯一残された方法であるかもしれないのに、禁止です。

社会は自殺にも反対します。過去には多くの偉人が解決策として自殺を選んだにも関わらず、宗教的な理由から反対されることが多いのです。自殺幇助《ほうじょ》は、それがたとえ苦痛のない方法を説明するだけであっても、普通は有罪となります（かつてイギリスでは、安楽死を考える会が『自己解放のためのガイド』を発行しましたが、三カ月以上の継続会員で二十五歳以上の人のみを対象とし、他人への貸与を禁じていました。フランスでは同様の書籍が大論争を巻き起こしました）。私たちは年老いた犬を「人道的」と称する方法で処分します――皮肉なものですね。その方法を人間に適用することは禁じられているのですから。

痛みに苦しみながら生きている、あるいは他人の重荷になっているという老人のなかには、犬のように死なせてもらえたら本望だという人が少なからずいます。せいぜいできることは、世話をしてくれる人に、無理な延命措置はしないでほしいという意思を存命中に伝えておくことくらいでしょう。それがどこまで実現されるかはわかりませんが。

第十章

老人を初めて演じる

環境に左右されない自分を

この世の中すべてが舞台であると仮定しましょう。順番に老人の役が回ってくることになっていて、今回はあなたの番です。観客はその芝居を何千回も観ていて、台詞もあなた以上によく知っています。あなたに求められているのは、お世辞を言って媚《こ》びへつらうような演技ではありません。あなたより前にこの役を演じた人たちは、偏屈でケチで、自慢ばかりで退屈で、あれこれ口うるさくて、傲慢《ごうまん》な態度でした。自分の病気のことやら何やら、不平不満をこぼしてばかり。

そういうふうに演じればいいのなら、簡単だし何の苦労も要りません。観客もそういう演技を期待しています。まるで子供が寝る前にいつもと同じお話を聞きたがるように、あまり変化を好まないのです。人気コメディアンが何か言うたびに爆笑するのと同じように、あなたが何かちょっと動きをするたびに、いつもの不愉快なキャラクターを表現する巧みな演技だと思って笑いが起こるでしょう。

あなたの演技が現実の自分を表現したものだと決めつけられてしまってはかないませんね。

たとえ若くても同じ環境に置かれたら老人と同じ特徴を示すものですし、ある特徴がとりわけ老人の様子をよく表していると思えるのは、まわりの環境が老人に何度もそういう行動をさせるからなのです。

これは現実問題としてとても重要な点です。ケチだとか自慢好きといった特徴が生まれつきのもので、年齢とともにそのまま成熟していったのであれば、手の打ちようがありません。老人によくある行動の発端がまわりの環境のほうにあるのなら、問題は解決しやすいのです。もしあなたがありのままの自分を披露しているのではなく、単に優れた演技力を持つ俳優であるというのなら、それに見合った世界で演技を披露していることでしょう。

十年以上前の話は封印しよう

老人はケチが多いというのは事実です。若い人たちに比べるとたいていチップは少ないし、値段に文句をつけるし、贈り物も安く済まそうとします。しかし、おそらく家計の収支はかつかつでしょうし、これまでの貯金もこれから受け取る年金も目減りしていっているのは事実なのです。スーパーマーケットの食品はどんどん値上がりしているし、同じアパートに住んでいても家賃が高くなっていく。そういう状況に安心してはいられないのです。それに、もうひとつ理由があります。これは裕福な人にも当てはまるのですが、価格の公正さを確かめるのは、若い頃に学んだ習慣のひとつだからです。現在ではケチと呼ばれる行為も、最初に習慣となった頃には、別にケチでも何でもなかったのかもしれません。時代遅れの言い回しを使いつづけたり、少々流行遅れの服装をしたりするのと同じく、他の人たちがチップとして一ドル払っているところでも相変わらず二十五セントしか払わないのです。最新流行の衣装をつけて老人の役を演じるのなら、今風の言い回しと身のこなしを覚えなければなりません。

老人は退屈な人が多いというのも事実でしょう。話題が昔の話ばかりなのです。でも、話している老人も聞き手の老人も互いにまだ若かった頃は、時代はどんどん変化していて、その変化について論じたり、いま起こっている出来事を話題にしていたものでした。今の老人たちの話を聞いていると、若者にとっては古い歴史が語られているように思えるのでしょう。話が抜群に上手な人でないかぎり、若い友人はさほど歴史に興味は示しません。そろそろ時計を合わせるべきなのではないでしょうか。頼まれた場合以外は、十年以上前の個人的な経験は話題にしないようにしましょう。

同じ話は絶対に繰り返さない

老人が退屈がられるもうひとつの理由は、誰かと興味を分かち合えることが次第に減ってくるからです。たとえしょっちゅう会う人とでも趣味が合うとは限りません。若い頃は、体験や趣味が共通することから友人になるという場合がほとんどでした。職場では共通の問題について同僚たちと話し合いました。興味のあることに関連した組織や団体に参加したりもしました。ところが、引退して、子供と同居したり高齢者用住宅に引っ越したり、気候の温暖な土地に移住して隣近所は不動産屋の采配で決まったようなコミュニティで暮らしていると、誰かと同じ興味を分かち合えるような機会はほとんど失われるのです。共通の趣味を話題にできるような相手を見つけることが、ひとつの解決法です。

さらにもうひとつ理由を挙げると、同じ話を繰り返す傾向があるためです（ジョナサン・スウィフトは「同じ聴衆に向かって同じ話を繰り返すまい」と決めたそうです）。若者でも、新しい聴衆を見つけると、良い話は繰り返し語るでしょう。しかし老人は、自分が良い話だと思ったらこれまで何度でも繰り返してきたので、そのためよけいに同じ聴衆に向かって同じ話をすることが多くなるのです。しかも、もうすでに語って聞かせた相手だということを忘れてしまっていることもよくあります。何かのきっかけで自分のお気に入りの話を思い出したら、念のために、以前にその話をしたことがあるかどうか遠慮なく教えてほしいと相手に率直に尋ねましょう。

相手は年長者を敬う気持ちから熱心に聴いているフリをしているだけなのに、いい気になってしゃべっていると、あっという間に退屈な人になってしまいます。しきりに頷《うなず》いたり微笑んだりしてくれるので、ますますその気になって話し続けます。もしあなたが壇上から講演をしているのなら相手は会場から出て行くところでしょうが、礼儀正しく最後まで聞いてくれます。でも次の回では聴衆は減るでしょう。結婚式の参列者たちが『老水夫の歌』の朗読を久しぶりに聞いて幸せな気持ちになったとしても、誰もがみんなコールリッジの作品を知っているとは限らないのです。

お年寄りに対する礼儀と尊敬の念が助長している、もうひとつの退屈さの特徴があります。それは、話がくどくて長ったらしいことです。若者は口をはさまず、ひたすらしゃべらせてくれるでしょう。老人だからと気を遣って許してくれているのですから、その気遣いに対して気を遣いましょう。

避けたい話題は病気と説教

老人の話題で退屈なのは、病気の話です。老人に限らず、若くてもそういう人はよくいます。手術の話や最近の医療技術の進歩に関する話題はとても興味深いものですが、それもたいていは、そうした医療のお世話になった人にとっては、という限定つきです。長生きすればするほど、そういう話題のネタは増えてきます。

病気の話題がこれほどよく登場するのには、もうひとつ理由があります。人が天気の話をするのは、別にそれが重要だからではなく、話がとぎれて気まずい間《ま》があくとそれを埋めようとするからなのです。老人の病気とは、そうした急場をしのぐのに手っ取り早い話題であり、しかも実際に苦痛を感じている場合も多いので、挨拶として「お元気ですか」と聞かれると、ついつい病気のことを思い出してしまうのです。

病気のことを話題にしないようにするための最善の方法は、もちろん病気にならないことですが、それでは要求が高すぎるでしょう。必要なのは、病気の話をしないというしっかりとした意思です。どんなに大きな苦痛にも黙って耐える英雄的人格を見習うべきです——もちろん、もう少しスケールを小さくして、ですが。
痛いとか苦しいとかを絶対に話題にしない老人として有名になる、というのはどうでしょうか。そうなったら、今よりもっと尊敬されるだけでなく、一緒にいると楽しい人として歓迎されることが多くなるはずです。
老人は自慢屋のほら吹きだと言われることもよくあります。全員が次のように決心している人ばかりではないからです。

……私は老いぼれでもないし、間抜けでもないぞ。
歳をいいことに、大口をたたいて
若い頃にはこれをやっただの、あれをやっただの、
年老いてさえいなければこうするだろうなどとほざいたりはせぬ。

シェイクスピア『から騒ぎ』より

年寄りの欠点として目立つのは、いま失敗したことについて手っ取り早い言い訳をすることです。そして過去の手柄について、証拠を見せろなんて言われることもないので、つい自

慢話をしてしまう。上手に老いに対処することで解決できるはずです――もちろん、上手に対処しているという話を自慢たっぷりに始めなければ、ですが。

老人は説教するのが好きです。ラ・ロシュフコーが理由をひとつ指摘していました。「老人は、悪い手本を示せなくなった腹いせに、立派な教訓を垂れたがる」

でもまだ他にも理由があります。老人の犯す過ちとして、何度も指摘しましたが、流行遅れの方法で物事をやり続けるというのがあります。若い頃には、既成の価値観を打ち破った同時代人をかなり痛烈に批判したものでした。それが今では、少なくとも若者に関しては、当時と同じ基準の価値観に基づいた批判なんて、まったくと言っていいほど聞く耳を持ってもらえず、口うるさい人としてうっとうしがられるだけです。

あなたはこれからもあなた自身の価値観で生きていくのでしょうが、若者には若者なりの基準や価値観があるということを認めるべきだと思います。

こんな国、こんな社会に変えていこう

間違った引用をするのは老人の特権のひとつですが、ここでその特権を使ってみたいと思

います。今からでも遅くないから、老後をこんな国に変えてみたらどうでしょう。

そこでは誰も、歳をとっても信心深くもいかめしくもならず、
そこでは誰も、歳をとってもずる賢くも物知り顔にもならず、
そこでは誰も、歳をとっても恨みつらみを口にしない。

ウィリアム・バトラー・イェーツ『心願の国（*The Land of Heart's Desire*）』より一部改変

歳をとったら嫌われ者になってやろうと意気込んで老いを迎えた人は、こんな国なんてとんでもないと思うでしょう。老後を迎えて「これでもうみんなにいい顔しなくてすむぞ！」と歓喜した人もいるはずです。でもそういう考え方や態度は危険だと思います。

一九六〇年代、若者たちが年長者に対してそういう態度を示しましたし、何千年も昔から流れ者たちはすべての人に対してずっとそうでした。それで本当に得をしたのかどうかは疑問です。六〇年代の文化は長続きしませんでしたし、浮浪者がたむろする一角を魅力的だと思う人はそんなにいません。うまく「嫌われ役」になる人もなかにはいますが、それも嫌われているのがある一部分だけに限られる場合です。たとえば、偏屈だけれどケチではないと

か、ケチだけれど一緒にいるとなぜか楽しいといった具合です。人は老いるとさまざまなものから解放されます。でも、批判から解放されることはありません。

ここまで老人の特徴として不愉快な点ばかり挙げて説明してきましたが、老人を無罪放免にするための弁論ではありません。本書が言いたいのは、シェイクスピアの言葉を借りると(正確な引用ではありませんが、シーザーがブルータスに言った台詞)、「われわれがつまらない存在だという罪は、天にあるのではなく、われわれ自身の中にあるのでもない。われわれが生きているこの世の中にあるのだ」ということなのです。

でも、だからといって私たちの欠点に対する批判は免除されるべきだと結論づけることはできません。それは、非行犯罪の原因が劣悪な環境で育てられた幼児期にあるのなら未成年は処罰されない、というのと似ているかもしれません。

批判やさまざまな処罰は、人間を変える伝統的な方法であり、何か別のもっと良い方法が見つかるまでは適用されるべきです。つまり、若者をとりまく環境から有害なものが減り、老人の社会が大きく改善されるときまでは、批判も処罰も必要だということです。

老人を批判から守るためではなく、批判が必要でなくなるような社会に変えるにはどうすればよいかを知るために、社会のあり方を見直そうというのが本書のねらいなのです。

第十一章

見事に演じ切る

幕切れを意識した人生

シェイクスピアではありませんが、「人生はぶざまな幕切れの芝居だ」と言った人がいます（キケロの言葉です）。実際に見事に演じ切るのは並大抵のことではないからこそ、そういう言葉が生まれたのでしょう。

立派な老人役を演じるとなると、静穏、博識、自由、威厳、ユーモアのセンスといった、それぞれの特徴が際立ってきます。おそらく誰でもそんなふうに老いを演じてみたいと思うでしょうが、実際にはなかなかうまくいきません。役柄が合わないと感じる人がほとんどでしょう。

しかし、こうした特徴は、ごく一部の例外的な老人だけに見られるものでしょうか、それとも普通の老人でも例外的な環境で暮らしていると見られるものなのでしょうか。もし後者だとしたら、老人役全員がもっと立派な役柄を演じられるような環境に変えることは可能なのでしょうか。

静けさに浸っていてはいけない

「穏やかさ」という言葉のほぼ同義語として「静けさ」という言葉があります。トマス・グレイが「澄み切った光を持つ静けき宝玉」と表現したように「静けさ」は事物について使われることも多いものの、どちらの言葉も感情や心の状態を表現するのに長く使われてきました。しかし、この二つの言葉が言及する本質的条件は、人間の外側にあります。老人たちが穏やかさを享受できるためには、まず老人をとりまく世界が静かでなければいけません。静かな世界というのは、老人が何もする必要がないような世界ではありません。すべきことは少なくなるかもしれませんが、そこにはまだ楽しみが存在します。エマーソンが言ったように、老年とは帆をたたむ時期なのでしょう。でも、完全に波まかせで漂流していてはいけません。

静穏とは、老人が自分自身と向き合いながら静かに暮らしている様子だと考えられることもあります。たとえば、思い出にふけりながら暮らすといった感じです。確かに、若者に比べると老人には回想する思い出も多いし、そのための時間もたっぷりあります。でも、そうして回想することを楽しんでいるかどうかは、その思い出がどんなものかによります。自責の念や後悔ばかりにさいなまれる老年期が楽しいはずはありません。リー・ハントの詩にあるように、幸せなエピソードは思い出す値打ちがあるのです。

何とでも言えばいいさ、ぼくがくたびれ果ててるとか
みじめで情けないとか、健康とも財産とも縁がないとか
老け込んでいってるとか、でも忘れるなよ
ジェニーがぼくにキスしたんだってこと

しかしほとんどの人は、そんな楽しい思い出にずっと浸ってばかりはいられないのです。もちろん、自分が成功に導いた事業や、これまで育んできた温かい友情については誇りを持っているでしょう。それは真の「業績」――その人が成し遂げたものです。でも残念ながら、いま現在やっていることではありません。昔の良かった頃の思い出を回想して楽しみなさいと老人に促すのは、落ち込んでいる若者に向かって「将来手が届きそうなもの――愛しい妻、明るく元気な子供たち、楽しい我が家、お金の心配のない暮らし――そういったもの

を全部考えてみてごらん」と言って励まそうとするようなものです。困ったことに、老人にとってはすでに達成したことばかりなのです。老人が求めているのは、今これからできること。今よりも幸せだった日々を静かに思い出して幸せになろうとするのは、まるで「凍てつくコーカサスの山を思い念じながら、炎を手掴みにする」ようなもの。悲しいかな、「善を思うと、かえってますます悪を強く感じるばかり」なのです（シェイクスピア『リチャード二世』より）。

じっと静かにして行動せずにいることで解決できる問題もなくはないのかもしれませんが、まったく何もしないのは、凍死しそうになっているときに眠りに落ちるようなものです。生き残りたいのなら、活動的であり続けるための方法を見つけるしかありません。老人が静けさに浸っていてよいのは、おそらく人生の最晩年だけです。

博識で老いの威厳を保つ

誰もがみんな早寝早起きを実行しているわけではありませんが、ほとんど誰もが健康で裕福で賢い人になりたいと思っています。健康と財産は若い人たちにまかせましょう。では、知恵や分別《ふんべつ》はどうでしょうか。確かに老人の特質のなかでもっとも賞賛されることが多いですし、歳をとっているからこそ備わった、いわば年の功と言えるものがあります。老人は長い間生きてきたのですから。昨日今日生まれたばかりの青二才じゃありません。季節を重ね、年輪を刻んできました。「道を知っている」のです。古代ローマの統治機関は「元老院《セナトス》」と呼ばれていましたが、これは「歳をとっている」ことを意味するラテン語「セネクス」を語源としています。また、多くの宗教では重要な地位にいる人のことを「長老」と呼びます。「地方議員《アルダーマン》」も年長者という意味の語（エルダーマン）から派生しています。

科学技術の進歩が、老いも若きも関係なくすべての人から、知恵袋のような存在として人の役に立つチャンスを奪ってしまいました。プラトンの『パイドロス』では、神話の神タムスが登場して、文字の発明に対して愚痴をこぼし、「これからは何も知らないくせに書物を読んだだけで物知り顔をする人間が出てくるだろう」と言います。以来、個人の知識に関して言えば、人類はあまり進化していないようですが、でも言ってみれば、頭の中の知識をほぼすべて外に出して、書物に、そして今ではもちろんコンピューターに、移して蓄えてきたのです。

文字が発明される前、そしてのちに印刷技術が発明される前には、知識は口伝えによって、おもに年長者から若者へと伝達されていましたが、それも変化しました。もはや若者は手仕事を学ぶために老練の職人に頼ることはしません。工業技術も農業技術も専門の学校に行って学びます。吟遊詩人の歌を聴いて、自分の民族や国家の歴史を知ろうとする人はもういません。かわりに歴史書を読みます。宗教の聖典は、かつては聖職者が歌にのせて伝えていましたが、やがて手書きの巻物で、さらに活版印刷が発明されてからは本として「書かれたもの」を読むようになりました。人から人への伝達が必要とされるのは、書物ではまだ伝えきれないような知識を所有している場合だけです。

体調が悪いときには、本よりも医者に頼ります。バイオリンを習いたければバイオリニストのところへ行き、絵画を習いたければ画家のところへ行きます。スポーツを習得したければコーチについて習います。完全に書物が取って代わっているような分野ばかりではなく、今でも年長者がスペシャリストとして活躍している分野もあるのです。

職業を選ぶにあたって、孫からアドバイスを求められることはまずないと思います。おそらく教育カウンセラーや職業カウンセラーに相談に行くでしょう。孫たちは、あなたが若かった頃どんな生活をしていたのかさえ尋ねることはないかもしれません。

今では珍しい古い電話機、クランクを回して始動させる古い自動車、みんなが着ていた変な服、こっけいな動きのダンス――どれも深夜テレビで放送されている古い映像で見ることができます。その家に代々伝えられてきたことだとか、まだ活字になっていない地域の歴史といったものを語るということなら、少しくらい出番はありそうですが、聴いてくれる人は少ないでしょう。

老人の知恵でもっとも価値のあるのは、ほかならぬ老いに関する知恵です。あちこち衰えてきていようと人生を心から楽しんでいる人なら、老いの権威だと自負してもいいでしょう。秘訣を教えてほしいとみんながあなたのところへやってくるでしょう。教えるのを渋っていたらケチだってことになりますよ。

真の自由を味わおう

老いは解放であると歓迎されてきました。人は老いると、若い頃には数々の面倒を引き起こす原因となった強い情熱から解放され、長年の重責や野心からも解放されて自由になれると言われています。しかし、あまりに自由になりすぎることが危険をはらんでいるのです。多くの権利を放棄しすぎることに対してキケロはこんなふうに警告しています。「自分の身を守り、自分の権利を維持し、人にこびへつらわず、息を引き取るまで自分の領地を統御する。これがすべて満たされた場合のみ、老人は尊敬される」。リア王は根本的な過ちを悟ったのです。あなたも自分の王国を子供たちに譲ってみてはどうでしょう。気づいたら寒風吹きすさぶ中をさまよっているかもしれませんね。

このような運命は実は珍しいことではありません。自分の財産を身内や信託銀行にゆだねて肩の荷を降ろした裕福な人。自社の経営を若手に委譲した実業家。気鋭の新人を支持して引退した政治家。自分の専門分野における今後の仕事を譲り渡す科学者、芸術家、作曲家、作家。こうした人たちは、リア王ほどみじめな扱いはされないかもしれませんが、自分が忘れ去られるその早さに驚くことでしょう。

それでもやはり、老年期は、さまざまな責任、強い感情、大きな野望といったものから解放されて多少の自由を味わえる時期なのかもしれません。

年齢を認めると魅力的になれる

でこぼこ道の荒野をジープで疾走しているときも凛《りん》とした態度を崩さない将官。そそっかしい給仕が飛び散らせたシャンパンが首にかかったのを感じても顔色ひとつ変えない女王。どちらも威厳を保っていると賞賛される姿です。これは、気を散らせる目先の障害物よりも、究極的な結果を優先している状態なのです。老人はいつも、言ってみれば、ガタガタ揺れるジープに乗っているとか、ものをこぼされたりしずくが飛んできたりする状況にいるようなものです。それでも威厳を保つことに成功している老人がいないわけではありません。

　老けて見えるというと、老いを侮蔑する表現のひとつだと思われがちです。若い頃はモテたという人なら、通りですれ違っても人が（特に異性が）振り返らなくなったと感じ始めたときのことを覚えているのではないでしょうか。だから、歳をとると実際の歳よりも若く見られたいと努力する人が多いのもうなずけます。

　でも、若く見られようとばかりしていると、年老いた容貌をごまかせなくなったときに、現実を直視するのがいっそう難しくなるだけです。歳より若く見られることは少なくとも別に危険はないですが、歳より若い行動をすることは危険です。十歳若い人のように軽やかな足取りでバスに乗ろうとすると、威厳をなくすどころじゃ済まないような事態に陥ります。誰かが言ったように、歳をとって若さの喜びを味わおうとすると、死の痛みと引き換えになる場合だってあるのです。

あなたが現在まぎれもなく年老いて見えるのなら、せめて魅力的に歳を重ねていると見えるように努力しましょう。カツラやウィッグに頼るなら、年齢相応に見えるようなものを選びましょう。白髪まじりのものや総白髪のものだと品も良いですし、服やネクタイの色を選ばず、よくなじみます。歯でも印象は変わります。歯列矯正は若いうちだけのものではありません。

また、見た目の美しさは姿勢が良いかどうかによってますます大きく左右されるようになります。姿勢なら多少は何とかできそうですね。関節炎のせいでどうしても前屈《まえかが》みになってしまう人がいるかもしれませんが、前屈みの姿勢は実はただ筋肉が弱くなったことが原因である場合が多いのです。両肩をある程度まっすぐに伸ばして胸を張ることができれば、最初のうちは意識していないとすぐにまた背中が丸くなるようでも、何度も繰り返すうちに、やがて自然に良い姿勢が保てるようになってきます。

「お若いですね」なんて言われても、それはお世辞です。歳をとるほどに一層のお世辞だということになります。若いと言われて嬉しいのも、これまでずっとそうだったわけではないでしょう。十四歳のとき、十六歳に間違われるとおそらく喜んだでしょうし、十六のときには十八に見られたかったものです。でもそれが二十代前半のどこかで変わりました。二十五歳のとき、三十歳に見られたって褒められた気がしないし、六十になっても七十には見られたくない。自分の年齢を心から楽しんでいる人ならば、若く見られて喜んでるなんてどうかしているという意見に賛成でしょう。「とてもそんなお歳には見えませんね」なんてお世辞を言われたら、「私の歳ならこんなものですよ」とでも答えておけばよいのです。

若く見せようとしてもうまくいくことはめったにありません。隠してごまかすのはやめて、年齢相応に見えるようにし、年齢相応にふるまい、自分の年齢を認めることが、理にかなったやり方なのです。そうすることで、威厳を保っていられるでしょう。

ユーモアのセンス

いたずらグッズは、思いがけない結果に対して犠牲者がどんな反応をするかを見るものです。タバコに火をつけようとするとバラバラに分解されてしまうライターだとか、吹いても吹いても消えないろうそくだとか。この手のトリックはあまり愉快なものではありませんが、これと同じようなことをして世間は老人をからかっています。照明の薄暗いレストランで、友人が席を立ってサラダ・バーへ行ったのに気づかず、しゃべり続けているとか。会話に加わってしゃべっているうちに、話の内容をまったく取り違えていたことに気づいたり。人はあなたの失敗を面白がるでしょう。あなたも一緒に面白がっていられますか？

誰でも心当たりがあると思いますが、ユーモアのかけらもないような人が世の中にはいます（もちろん、ユーモアを欠いた当の本人は、自分にユーモアが欠けていることに気づかないものです）。反対に、明けても暮れても冗談ばかり言っている人もいます。

ユーモアのセンスというのは遺伝するものなのでしょうか、あるいは、その人のそれまでの経験から生まれるものなのでしょうか。もっとはっきり言えば、歳をとってからユーモアのセンスを身につけることはできるのだろうか、ということなのです。何もかもうまくいかない長い一日を終えて帰宅し、夫あるいは妻に向かってその日のことを話すとき、延々と愚痴を並べるか、「こんなばかな話ってある？」と笑い飛ばすか。その結果には大きな差があります。愚痴を並べているあいだにも事態は悪化して、ますますひどい一日が続きます。でも、ばかげた話だと笑い飛ばせば、ひどい一日も楽しく終わることができるのです。

よく指摘されることですが、人々が「面白い」と形容する事柄は、「不愉快」だとか「痛ましい」と形容すべきところを穏やかに言い換えたにすぎません。若い友人が尻餅をついたら面白いかもしれませんが、それもその人が腰を痛めたりしない限りはということです。英語が母国語ではない人が珍妙な文法で話しているのは面白いですが、ちんぷんかんぷんなスピーチにはイライラさせられます。軽妙洒脱な批評や意見も深刻にとらえなければ面白いと笑ってすみますが、一線を越えると侮辱となります。「面白い」と「不愉快」の線引きは状況次第で変わってきます。それまでずっと笑っていたのなら、笑い続けるのもたやすいことです。だからこそ、お笑い番組の収録では、本番前にオンエアされない前説《まえせつ》を用いて観客の気分を盛り上げ、笑いやすい状態にするのです。

老人たちの気分を盛り上げて「老いは面白いなあ」と感じさせるのは確かに難しいことですが、老後の生活に面白いことを加えるのは可能だと思うのです。面白い小説を読む、面白いテレビ番組を見る、面白い友人たちと過ごす時間を増やす――こういうのはどれもこれも、訃報欄を読んだり、老いに苦悩する物語を読んだりするよりずっと良いと思います。

老いによる衰えの現実はまじめに受け止めるべきですが、面白いと思える側面を見つけて笑いに変えられるならいつでもそうしてください。最初のうちは、あまり不愉快すぎないエピソードで練習してみるといいと思います。それでうまくいったなら、さらにちょっとツキが味方してくれたなら、当初は悲惨だと思っていた事柄でも笑い飛ばせるようになってくるでしょう。

楽しい老後のために

終幕がどんなにうまく書き直されたとしても、誰もがみんな老人役を威風堂々と華やかに演じられるわけではないでしょう。ほどほどの役柄で良しとするべきなのかもしれません。優れた役柄の脚本では、面倒なことから解放されて適度な自由を楽しみ、あれこれ好きなことをするチャンスに恵まれ、やりたくないのにしなければならないということも減ってきます。それでもまだ残っている厄介事は、ユーモアのセンスでなんとかなる場面もありそうです。こういう脚本にするには、若いうちに準備をしておけばうまくいくことが多いのです。老いは不安で恐ろしいものではなく、取り組むべき課題としてとらえ、老後を楽しみにしていたのなら、もっと積極的に準備できたのではないでしょうか。

見事な演技に喝采を

偏屈でケチで堅物《かたぶつ》というのが標準的な老人役を演じるのにわかりやすい人物像ですが、そうした特徴がどんな状況で生じるのかは前章で述べたとおりです。そんな説明をしたのは、そうした性格的特徴による老人に対する非難をかわすためではなく、もっと立派な役柄の老人を演じられるように状況を変えることができるかどうかを検討するためでした。

さて今度は、あなたの番です。良い脚本ができたのですから、穏やかで知恵があり、自由で威厳に満ち、ユーモアのセンスもある、そんな人生を送っている人物を演じてみてください。あなたの演技は脚本のおかげなのだからと、あなたに向けられた賞賛まで脚本が横取りしてしまっては困りますね。どちらも良しとすることでいかがでしょうか。責任があなた自身ではなく、あなたが暮らしている世の中にあるのだとすれば、賞賛は果たしてどこに向けられるべきなのか……まるでブルータスに語るシーザーのような気持ちです。

でも心配しなくても大丈夫です。観客はいつだって、悪役に野次を飛ばし、英雄に声援を送ります。あなたがどんなに恵まれた環境で演じていたにせよ、それを差し引いても、あなたの演技は賞賛されるでしょう。賞賛によって、社会は見事な演技を奨励しているのです。たとえその役が誰がやっても必ず美しく演じられるような良い役柄になっているとしても、社会は賞賛を送り続けることでしょう。

そしてあなたが、穏やかに威厳を保ちつつ楽しく人生を送ることができるような社会を自に対して、それこそ二倍の賞賛を得られます——見事な演技に対して、それから、人生の素晴らしい最終幕の脚本を作ったことに対しても賞賛されることでしょう。

〔了〕

◉著者について
B・F・スキナー博士
(Burrhus Frederic Skinner, 1904-1990)
米国の心理学者。20世紀における最も影響力の大きい心理学者と評され、「環境こそが行動をつくる」と説く進歩的行動主義の代表。多くの心理学上の新発見をなしとげ、とりわけ教育分野への貢献が大きい。「教育とは、学んだことがすべて忘れられた後に残る〝何か〟である」という名言が、博士の業績を象徴している。本書はみずからの老境を冷静に観察し、理想の老い方を提言した全米ベストセラー。

◉訳者について
大江聡子(おおえ さとこ)
同志社大学文学部英文学科卒。主な訳書に『言い訳にサヨナラすればあなたの人生は輝く』(成甲書房)、『しあわせ練習帳』(きこ書房)、『鏡の中の自分を好きになれる本』(ワニ文庫)、『アイデア&プロセスの法則』(毎日コミュニケーションズ)などがある。

初《はじ》めて老人《ろうじん》になるあなたへ

ハーバード流知的《りゅうちてき》老《お》い方《かた》入門《にゅうもん》

◉著者
B・F・スキナー博士
◉共著者
M・E・ヴォーン博士
◉訳者
大江聡子《おおえさとこ》

◉発行日
初版第1刷　2012年2月10日

◉発行者
田中亮介

◉発行所
株式会社 成甲書房

郵便番号101-0051
東京都千代田区神田神保町1-42
振替00160-9-85784
電話 03(3295)1687
E-MAIL　mail@seikoshobo.co.jp
URL　http://www.seikoshobo.co.jp

◉印刷・製本
株式会社 シナノ

Printed in Japan, 2012
ISBN978-4-88086-286-6
定価は定価カードに、
本体価はカバーに表示してあります。
乱丁・落丁がございましたら、
お手数ですが小社までお送りください。
送料小社負担にてお取り替えいたします。